Jill Billington

Der neue klassische Garten

Formales Gartendesign
der Gegenwart

Callwey

Für Julia Brett, in dankbarer Anerkennung ihrer Freundschaft, ihres Talents und ihrer Unterstützung

Die Originalausgabe erschien 2000 unter dem Titel "New Classic Gardens" im Verlag Quadrille Publishing Limited, Alhambra House, 27-31 Charing Cross Road, GB-London WC2H 0LS

Übersetzung aus dem Englischen von Claudia Arlinghaus, Münster

© 2000 Quadrille Publishing Ltd.
© 2003 Verlag Georg D.W. Callwey GmbH & Co, Streitfeldstraße 35, 81673 München
www.callwey.de
E-mail: buch@callwey.de

Das Werk einschließlich aller seiner Teile ist urheberrechtlich geschützt. Jede Verwendung außerhalb der engen Grenzen des Urheberrechtsgesetzes ist ohne Zustimmung des Verlages unzulässig und strafbar. Dies gilt insbesondere für Vervielfältigungen, Übersetzungen, Mikroverfilmungen und die Einspeicherung und Verarbeitung in elektronischen Systemen.

Die Deutsche Bibliothek verzeichnet diese Publikation in der Deutschen Nationalbibliografie; detaillierte bibliografische Daten sind im Internet über <http://dnb.ddb.de> abrufbar.

2. Auflage
ISBN 3-7667-1480-5

Projektentwicklung: Jane O'Shea
Verantwortlicher Art Director: Mary Evans
Konzeption und Design: Françoise Dietrich
Herausgeber: Carole McGlynn
Assistenz: Jim Smith
Produktion: Vincent Smith, Sarah Tucker
Bildrecherche: Nadine Bazar
Assistenz: Sarah Airey

Satz der deutschen Ausgabe: Edith Mocker, Eichenau
Schutzumschlaggestaltung: Fotolito Longo, Bozen
Druck und Bindung: Singapur 2003

Seite 1 *Den geraden Fußweg schmücken auf ganzer Länge Arabesken aus Ziegelsteinen, die in den Beton eingefügt wurden.*

Seite 3 *In dem Design von Steve Martino säumt eine schmale Wasserrinne eine Schieferterrasse; deren kühle Schlichtheit findet in der Weite der Landschaft ein Gegengewicht.*

Diese Seite oben *Der Garten von heute findet seine Inspiration sowohl in der Vergangenheit als auch in fremden Kulturen. In diesem abgeschiedenen Garten wird der mittlere, fernöstlich beeinflusste Bereich von geharktem Kies dominiert, vor der schlicht verputzten Mauer dagegen steht eine Lutyens-Bank. Verwilderte Akelei mildert die Härte des Kiesbelags.*

Seite 7 *Der moderne Garten lebt von der Vergangenheit und führt uns doch in eine andere Zukunft. Ob primitives Spirallabyrinth aus Erdwällen oder exquisite klassische Geometrie und minimalistische Eleganz – der Ansatz hat sich vollkommen gewandelt und schließt sogar den alten Potager mit ein, hier ein Gemüsegarten der Moderne.*

Inhalt

6	Einführung
12	Die Elemente
14	**Die Materialien**
16	Traditionelle Böden, neu verlegt
22	Fließende Materialien
28	Weich und sinnlich
32	Umfriedungen
38	**Die Einrichtung**
40	Mobiliar
44	Gartenhäuser und -elemente
48	Wasser
54	Skulpturen und Pflanzgefäße
58	Beleuchtung
62	**Die Pflanzen**
64	Formgehölze
70	Architektonisch und exotisch
76	Bäume
82	Stauden und Sommerblumen

88	Die Interpretation
90	**Linie und Layout**
95	Eine diagonale Bepflanzung
101	Geschwungene Flächen
104	**Klassische Innovation**
113	Durchbrochenes Labyrinth
124	Fließende Linien
128	**Formal reduziert**
138	Inspirierte Symmetrie
144	Japanisch zurückhaltend
149	**Rasche Effekt und bleibende Schönheit**
158	Register
160	Dank

Einführung

Der Einfluss der Vergangenheit wird in jeder gegenwärtigen Entscheidung offenbar, und selbst unsere Vorstellung von gelungenem Gartendesign ist unvermeidlich durch dessen reiche Tradition geprägt. Diese Tradition bleibt einerseits aufgrund anhaltender Vorlieben für bestimmte Pflanzen gewahrt und andererseits, weil in dieser schnelllebigen Zeit der Garten noch ein Ort ist, an dem wir uns nicht zu Neuorientierung gezwungen sehen wollen. Es ist daher verständlich, dass deutliche Wandlungen sich nur allmählich vollziehen; nun aber ist eine Anzahl ausgezeichneter Gärten mit historischer Einbindung entstanden, welche die Kluft zwischen dem Traditionellen und den neuen minimalistischen, architektonischen Extremen überbrücken. Eine überkommene Raumaufteilung und deren Charakteristika sind noch immer gültig, jedoch behutsam adaptiert oder mit einer modernen Wendung interpretiert.

Während ich viele der heutigen Überzeugungen bezüglich Ökologie und den derzeitigen Enthusiasmus für naturnahe Gärten, Wildwiesen und die Einbeziehung einheimischer Pflanzen teile, geht es mir hier um etwas anderes. Ein solcher Ansatz, so faszinierend er auch ist, stellt nur einen Aspekt modernen Gartendesigns dar, und solche Gärten erfordern ein Höchstmaß an Kenntnis und Unterhalt. Strukturierte Formalität ist eine ebenso solide Grundlage für viele moderne Gärten; dieser klassische Ansatz wird alle Zeiten überdauern. Formalität war seit Beginn der Gartenkunst in jedem Kulturkreis ein grundlegender Bestandteil des Designs. Heute erleben wir eine Wiederkehr des stark strukturierten und sorgfältig geplanten Gartens, der nicht nur schön anzusehen, sondern auch wohlgeordnet und pflegeleicht ist.

Ordnung jedoch ist nicht gleichbedeutend mit Einförmigkeit; die Gärten von heute sind unterschiedlicher und individueller denn je. Der Fantasie sind keine Grenzen gesetzt, internationale Einflüsse werden absorbiert und anders interpretiert, neue Materialien verführen zum Experiment, und die bildenden Künste eröffnen weitere Aspekte von Raum, Gestalt, Textur und Farbe. Der Garten von heute ist Ausdruck der Persönlichkeit seines Besitzers, ein vollkommen einzigartiger Ort, der seine Besonderheiten betont und doch in Einklang bringt. Die Kreativität des Gartenbesitzers und -designers von heute ist grenzenlos; gewagte Experimente machen deutlich, mit welcher Unerschrockenheit jeder Aspekt erforscht wird, die Grenzen weiter gesteckt und Vorurteile abgelegt werden.

Wenngleich sich in den letzten 50 Jahren ein signifikanter Wandel der Designprinzipien vollzogen hat, wurden die Gärten in diesem Buch nicht aufgrund ihres Schockpotenzials ausgewählt. Es sind Gärten voller Atmosphäre; Gärten, die die Emotionen ansprechen; Gärten, die uns bewegen, uns einladen, unsere Stimmung beeinflussen, uns beruhigen oder begeistern. Jeder wird hier seine eigenen Favoriten finden und manches auch nicht mögen; das trifft auf jede Kunstform zu. Vielleicht ist sogar das eine oder andere Gartenschema weniger erfolgreich; dennoch lohnt es sich, den neuen Gedankengang, den es vorschlägt, nachzuvollziehen. Doch Innovation, gern in Verbindung mit dem modernen Garten genannt, sollte nie den Charakter eines Gartens bestimmen. Experimente

EINFÜHRUNG

sind interessant; letzten Endes jedoch ist es der Garten mit dem ihm zugrunde liegenden Design, der gefallen muss. Ein moderner Klassiker benötigt keinen bedeutungslosen Hokuspokus: Die Ideen, auf die er sich gründet, sind lediglich Stufen auf dem Weg zu einem Ideal.

Modernes Gartendesign lässt sich häufig direkt auf die Inspiration durch verwendete Materialien zurückführen, ob alt oder neu. Diese „Medien" wirken oft mitbestimmend auf den Charakter eines Gartens und sind dem Farbmedium des Malers vergleichbar. Doch bleibt ihre Rolle eine untergeordnete; Pflanzen beeinflussen die Ausstrahlung eines Gartens weit mehr. Sie füllen nicht nur Beete, sondern sind fest integrierter Bestandteil des Designs: sie sind der Größe des Gartens angepasst; gestutzt und geformt, um seine Struktur festzulegen und ihn abzugrenzen; sie treten als plastischer Mittelpunkt hervor oder ordnen sich unter und verschmelzen mit dem Hintergrund. Während gartenbaulicher Minimalismus zum eleganten Stadtgarten passt, können Exoten einem formalem Entwurf einen gewissen Glanz verleihen. Doch der Garten ist als Kunstform einzigartig, denn er ist nicht statisch – die Jahreszeiten wie die Jahre verändern sein Aussehen.

Angesichts der moderne Gartenkonzepte charakterisierenden Freiheit ist der neue Stil kosmopolitisch geprägt, und neue Einflüsse entspringen sämtlichen Kulturkreisen. Die klassische Symmetrie hat einen Bedeutungsrückgang erfahren: Es finden sich sowohl Gärten mit noch strengerer, rasterförmiger Geometrie als auch solche mit asymmetrisch verfremdeter geometrischer Grundstruktur, gemäß dem Vorbild abstrakter Maler wie Piet Mondrian. Die orientalische Auffassung von Ausgewogenheit und Raum hat die moderne Förmlichkeit ebenfalls beeinflusst und einen neuen Regelsatz der Klassik hervorgebracht, welcher sich auf eine fließende, organische Linienführung gründet, in der sich Raum und Masse die Balance halten. Schmückendes Beiwerk wurde stark reduziert und häufig durch Form und Textur ersetzt, und Farbe ist heute mehr als Dekoration – sie wird bewusst als atmosphärisches Mittel eingesetzt.

Ungeachtet der Experimentierfreudigkeit modernen Designs sind viele der besten neuen klassischen Gärten von unaufdringlicher Schönheit; sie sind Ausdruck einer veränderten Ästhetik, mit frischen oder anders verwendeten Elementen und Materialien. Die Änderungen mögen jedoch so subtil sein, dass der neue Ansatz unentdeckt bleibt, bis die nächste Generation schließlich viele Jahre später ihr Urteil fällt. Die dauerhaftesten Umwandlungen finden oft allmählich statt; letztlich sind es vielleicht die sanften Veränderungen, welche die schönsten und beständigsten Gärten einer Zeit hervorbringen.

EINFÜHRUNG

Viele moderne Gärten weisen einen genauso starken Bezug zu ihrer Umgebung auf wie die romantischen Landschaftsgärten des 18. Jahrhunderts. Obstgärten existieren in Europa seit Jahrhunderten: Ursprünglich eine simple Anbaumethode, lässt sich die zeitlose Schönheit ihres geradlinigen Konzepts in ein aktuelles Format bringen. In diesem von Marc Brown entworfenen französischen Apfelgarten sind die Bäume in einer großflächigen Blockpflanzung gesetzt, deren Raster durch perfektes Mähen nachdrücklich hervorgehoben wird. Die langen, breiten Pfade kreuzen sich und lassen große Quadrate hohen Grases entstehen, auf denen sich heimische Blumen wohlfühlen. Auf den Kreuzungspunkten der kurzgeschorenen Pfade stehen die Apfelhochstämme; hier gedeihen sie besser als im langen Gras, und das Obst lässt sich leichter einsammeln. Die friedvolle Stimmung dieses Ortes kann auch im Hausgarten erzielt werden.

Einführung

Dieser Garten in der roten Wüstenlandschaft Mexikos bleibt seiner Umgebung und seiner Zeit nicht weniger treu. Das kompromisslos moderne Design von Faith Okuma folgt der Tradition niedriger Adobe-Bauten mit frei stehenden Mauern, die dem Wesen der Landschaft perfekt entsprechen. Die Weite der endlosen Ebene im Hintergrund setzt sich in dem Garten fort, wird jedoch durch simple Raumaufteilung parallel zur Linienführung des Hauses auf menschliches Maß reduziert. Durchbrochene rechteckige Mauerblöcke bringen eine Trennung einzelner Räume, ohne die weich zeichnenden Charakteristika des Adobe aufzugeben. Der Garten schmort in der Sonne, das Land ist staubtrocken, doch die Bäume werden mit ihrem Laub Schutz bieten. Bis dahin lockert ihre kahl aufragende, silbrige Gestalt die Geometrie der Anlage auf. Aus dem großen mittleren Mauerblock tritt eine Wasserrinne hervor; sie kühlt den Blick aus dem Haus und lockt den Betrachter in den Gartenbereich, wo sie ein erhöhtes, parallel zum Wohnbereich angelegtes Becken füllt.

Teil 1 Die Elemente

Typisch für Gärten, die die Stimmung heben und die Seele erfreuen, sind ausgewogene, gefällige Räume, und im formalen Garten ist das abgestimmte Zusammenspiel von Pflanze und Stein von ganz besonderer Bedeutung. Der moderne klassische Garten hat daher all die bewährten Elemente der Vergangenheit beibehalten – Buchsbaumeinfassungen und Natursteinplatten beispielsweise sind seit zweitausend Jahren angenehme Gefährten – und neue Elemente aufgenommen. Für manche tradierte Pflastermaterialien findet der moderne formale Garten eine ungewöhnliche Verwendung; andere verfremdet er in einer Mischung von Alt und Neu.

Sorgfältig ausgewählte Materialien können den Gartenplan betonen, sei er von geometrischer Ruhe oder asymmetrischer Unbeschwertheit. Die geometrisch ausgelegten Gärten der europäischen und nahöstlichen Klassik erforderten Raumachsen, Schnittwinkel und Raster. Solche Planung hat noch immer ihre Gültigkeit; sie lässt sich durch die Vielfalt neu verfügbarer ebenso wie durch bewährte alte Materialien noch steigern. Orientalische Gärten wurden nach strengen, der Natur abgeschauten Regeln angelegt, allerdings ohne die Gepflogenheit gerader Linien und rechter Winkel. Moderne, fernöstlich inspirierte Gärten spiegeln diesen vor allem schlichten, asymmetrischen Stil wider, welcher die moderne Architektur und den eleganten Minimalismus perfekt ergänzt, und bringen die fließende Kraft der neuen Materialien optimal zur Geltung.

Die Materialien

Eine verputzte Wand durchbricht die steinige Wüstenlandschaft mit prächtigem Chromgelb, einer Farbe, die durch die benachbarten Wüstengewächse inspiriert wurde.

Die Elemente: Die Materialien

Traditionelle Böden, neu verlegt

Steinplatten und Kleinpflaster aus dem Steinbruch sowie Ziegelsteine aus lokal gewonnenem Material haben eine jahrhundertealte Tradition als Pflastermaterial. Früher wurde aus Kostengründen eher in einem nahe gelegenen Steinbruch Stein gehauen als höherwertiges Material, etwa Travertin, über große Distanzen importiert. Das antike Rom zum Beispiel wurde großenteils mit dem lokalen schwarzen Basalt gepflastert, dessen natürliche Sechseck-Struktur sich gut zu griffigem, hartem Pflaster spalten lässt. In Jerusalem stellt wunderschöner cremefarbener Kalkstein aus der Umgegend die Verbindung zwischen neuen Bauwerken und der Altstadt her. Die Verwendung lokaler Baumaterialien bei der Gartenanlage garantierte den Bezug zur volkstümlichen Baukunst und bewahrte den Ortscharakter.

Auch heute wäre dies ein guter Ansatz, gäbe es noch genügend erschwingliches heimisches Material aus reichlichen Quellen. Doch das Ideal ist inzwischen kaum noch eine Option, obgleich Materialmix oder passender Kunststein attraktive Alternativen sein können. Ein zeitgemäßer Ansatz ignoriert die Umgebung und erlaubt ein introvertiertes Gartendesign, angelehnt an den Stil des existierenden Gebäudes oder auch an die Vorstellungen der Besitzer. Einen solchen Garten kennzeichnet innere Geschlossenheit, und die für seine Pflasterflächen und Begrenzungen gewählten Materialien können seinen Charakter bestimmen. Dieses trifft verstärkt auf moderne Gartenformen zu und kann uns eine ausgesprochen freie Hand lassen.

Stein

Naturstein passt zu moderner Strenge ebenso gut wie zu klassischen Gartenformen. Jeder Naturstein ist teuer, doch für einen kleinen Bereich kann er eine lohnende Investition sein. Die meisten Steine dunkeln nach, wenn sie verwittern, und verleihen dem Garten Tiefe und Charakter. Wer jedoch den hellen Farbton von makellosem Kalkstein oder neuem Sandstein bewahren will, muss alljährlich einen Hochdruckreiniger einsetzen.

Marmor, Basalt, Granit, Sandstein, Kalkstein und Schiefer bieten vielfältige Texturen und Farben – nicht zwei Steinplatten haben denselben Farbton. Die Wahl des geeigneten Natursteins ist eine Frage sowohl des Gartenstils als auch des Geldbeutels. Die geschlossenen, härteren oder feinkörnigeren Steine entsprechen am meisten dem makellosen Gartenstil. In einen Garten von edler Schlichtheit würde also exakt zugeschnittener Granit oder glänzender italienischer Marmor mit glatter, polierter Oberfläche passen. Einem kleinen Innenhof verleihen kühler, sahnefarbener Kalkstein

links außen *Konzentrische Ringe aus versteinerten Muschelschalen bilden auf einer selten begangenen Fläche ein ausgefallenes Pflaster. Der runde Glasstein ist mit Blattgold hinterlegt.*

links *In dieser modernen Abwandlung des Polygonalpflasters werden die Kalksteinplatten durch ein ungewöhnlich strukturiertes Fugenmuster aus Kalksteinwürfeln hervorgehoben.*

Diagonal verlegte geschliffene Kalksteinplatten pflastern den Bereich um diesen klassischen rechteckigen Pool. Weiße Kiesel, in weiß getönten Beton gesetzt, dienen als rutschfeste Beckenumrandung.

oder grüner Cumberland-Schiefer eleganten Minimalismus. Der Geometrie wird mit hartem französischem Kalkstein in gelben, rostbraunen und rosa Farbtönen ebenso entsprochen wie mit unterschiedlichen Graniten, denen Feldspat-Einschlüsse zusätzlichen strukturellen Reiz verleihen. Nordamerikanischer Quarzit eignet sich mit seiner rauen, feinkörnigen, rutschsicheren Oberfläche ideal für Pool-Umrandungen und Wege. In feuchterem Klima allerdings sind all diese harten Steine zu glatt; die aufgerauten oder texturierten Oberflächen gespaltenen Sandsteins wären hier sinnvoller.

Die weicheren, körnigen Sandsteine, beispielsweise Yorkstein, sind von dezentem Farbton und passen zu eher lockerer Förmlichkeit. Üblicherweise werden sie in sieben oder acht Größen als roh gespaltene, rechteckige Steinplatten mit griffiger Oberfläche angeboten, die traditionell als gemischte Läufer verlegt werden. Doch Sandstein ist neuerdings auch mit einer eleganteren, „gesägten" Oberfläche erhältlich. Am besten wirken Platten von einheitlicher Größe. Aus rechteckigen Platten lässt sich ein Läuferverband legen (vgl. Erläuterungen unten und Zeichnung S. 138), aus quadratischen ein Rastermuster (vgl. Foto S. 21 rechts). Beide Verlegearten entsprechen der edlen Schlichtheit des Minimalismus.

Manchen Naturstein findet man in größeren Gartencentern, doch für andere muss man sich an den spezialisierten Steinhandel wenden. Die Kosten können je nach Gegend variieren, doch manche der größeren Handelsketten bieten eine wenn auch begrenzte Auswahl zu annehmbaren Preisen an.

Pflasterstein und -ziegel

Für manche Bereiche ist Kleinpflaster besser geeignet als großflächiges, da es sich an Rundungen anpassen lässt. Hierzu zählen Kopfsteine, runde Kiesel (Geröll) und quadratisches oder rechteckiges Granit- oder Porphyrpflaster, wobei die beiden letzteren Pflasterarten für formal strukturierte Gärten besser geeignet sind. Während alle in größeren Gartencentern erhältlich sind, hält der Steinhandel eine größere Auswahl parat. Aufgrund der hohen Materialkosten sollte man Granitpflaster lieber vom Fachmann verlegen lassen; Kopfsteine oder Kiesel dagegen können Sie in einem kleineren Bereich sogar selbst in Beton setzen. Diesen Pflasterarten gemeinsam ist das stark strukturierte Muster, welches sie auf die Bodenfläche aufbringen; traditionell wurden sie im Läuferverband, in konzentrischen Kreisen oder im dekorativen Bogenmuster verlegt. In modernen Gärten trifft man häufig auf aufwändigere Zickzack- oder Wellenmuster. Eine einzelne Reihe in Mörtel gesetzter Pflastersteine verwandelt großflächige Betonplatten in ein horizontales Gitterwerk, und auch mit Ziegeln lässt sich ein Rastermuster hervorheben (vgl. Foto S. 106).

Wie Naturstein, so werden auch Tonziegel immer eine Rolle im Garten spielen. Handgeformte Ziegel passen am besten in den romantischen informellen Garten, doch mit einer Umrandung aus Holzbalken oder großen Steinen oder aber als „Trittsteine" in einem „See" aus Kies gruppiert wären sie auch für einen modernen asymmetrischen Garten geeignet. Für andere Situationen eignen sich maschinell gefertigte frostsichere Pflasterklinker, die im Läuferverband direkt in die Pflanzung oder in Feinkies übergehen. Hierdurch entfällt die Notwendigkeit der traditionellen dekorativen Einfassung. Die plastische Wirkung lässt sich durch Reihen kontrastfarbiger Ziegel verstärken, wie hart gebrannte blaue Klinker (gegebenenfalls teurer als andere Farben) in Kombination mit braunen, roten und gefleckten, oder durch die Verlegung in Reihen von unterschiedlicher Breite.

Die ebenmäßig gefärbten Betonplatten sind auf Sand verlegt; Rindenmulch füllt die offenen Fugen aus, die im Laufe der Zeit von Pflanzen besiedelt werden können.

Ziegel können in Beton auf einem Unterbau aus Schotter oder aber trocken in Sand verlegt werden; die zweite Methode ist weniger formal, da die Ziegel gelegentlich leicht absinken. Damit die kleinen Endsteine nicht in das Erdreich abrutschen, ist zu einer Mörtelstütze am Reihenende zu raten. Kleine Buchsbaumhecken lassen sich daher nicht direkt ans Pflaster setzen. Frostharte maschinelle Ziegel kosten weniger als handgeformte; auch im Vergleich zu Natursteinplatten sind die Materialkosten niedriger, die Arbeitskosten allerdings höher.

Verlegung und Fugen

Traditionelle Pflasteroberflächen wie Stein werden am besten mit exakt geschnittenen, geraden Seiten verlegt; geschnittene Rundungen oder spitze Ecken wirken in diesem Material immer unbeholfen. Hochwertiger Stein, der vorwiegend rechteckig zugeschnitten wird, sollte sorgfältig parallel zum Grundriss des Gartens verlegt werden. Die Verlegung durch einen Fachmann, vorzugsweise einen Landschaftsbauer, keinen Bauhandwerker, ist anzuraten.

Im modernen Garten sollte Stein möglichst im Läuferverband verlegt werden, welcher durch die Parallelen der aufgereihten rechteckigen Platten die Längsrichtung betont. Die Reihen dürfen von unterschiedlicher Breite sein; die Platten werden in der Länge fugenlos, das heißt dicht aneinander stoßend, gelegt, die Längsfugen dagegen werden mit Mörtel gefugt (vgl. Zeichnung S. 138). Auch in einem formalen Rahmen muss nicht alles eine Umrandung haben. Innerer Zusammenhalt ist heute wichtiger, und so dürfen sich die Randbereiche unauffällig im Garten verlieren.

In vielen Kulturen hat rasterförmiges Design dem Garten gut gedient, und heute ist dieses wichtiger denn je. Einst als zierendes Stilmittel betrachtet, ist das Raster heute Mittel zur Einteilung des Raumes. Kleinformatige Bauteile wie quadratische Kacheln und leuchtend bunt glasierte Keramikfliesen werden gewöhnlich im Kreuzverbund verlegt (vgl. Foto S. 27); je nach Klima ist darauf zu achten, dass sie frostsicher gebrannt sind – viele Terrakottaplatten vertragen keinen Frost.

Der Fugenverlauf sollte die Dynamik der Gartenanlage unterstützen. Der lineare Verlauf von Läuferfugen betont die Ordnung des formalen Layouts. In Quadrate unterteilt, erhält der Bodenbelag eine stärker dekorative

Rote Ziegel sind in diesem Gemeinschaftshof einer Pariser Wohnsiedlung im Kreuzverbund verlegt und mit weißen Betonstreifen abgesetzt; sie stellen eine direkte Verbindung zum Baumaterial der Häuser her. Schlanke silberne Birkenstämme erheben sich über Plateaus aus gestutzter Immergrüner Strauch-Heckenkirsche Lonicera nitida.

Innenhof auf versetzten Ebenen

Die Problemsituation in diesem tief gelegenen, abgeschlossenen Innenhof mit grünem Schieferpflaster wird durch eine Terrassierung gelöst; eine Schieferbrücke mit einer Brüstung aus Opakglas macht die höher gelegene Ebene zugänglich. Die schlichte Bepflanzung bleibt das ganze Jahr hindurch wirkungsvoll; die immergrüne *Liriope muscari* der untersten Ebene wiederholt sich auf der obersten; dazwischen liegen zwei Parallelreihen aus samtgrünen Hinoki-Scheinzypressen *Chamaecyparis obtusa* 'Nana'. Eine lockere Pflanzung von Silberbirken verleiht der oberen Gartenebene einen Rahmen und bildet den Hintergrund für eine Bronzestatue.

Die Elemente: Die Materialien

In dem berühmten kubistischen Garten der Villa Noailles in Hyères wurde eine schmale dreieckige Fläche mit einem symmetrischen Schachbrettmuster versehen; in dem Gitterrahmen aus weißem Beton wechseln sich bepflanzte Quadrate und farbige Betonflächen ab.

Note, besonders bei der Diagonalverlegung im Rautenmuster (vgl. S. 21). Mörtelfugen können im farblichen Kontrast zum Stein stehen, wirken im allgemeinen jedoch eleganter im gleichen oder etwas dunkleren Farbton. Entsprechende Mörtel-Farbtöne (Abtönfarben/Pigmente) sind leicht erhältlich.

Materialmix

Durch eine Kombination von Pflastermaterialien lässt sich die Wirkung der Bodenfläche von Grund auf verstärken. Dies ist nichts Neues: Bereits Zen-Pfade wurden aus unerwartet wechselnden Materialien angelegt, sodass der Besucher bedächtig voranschritt und die Muster zu seinen Füßen aufmerksam wahrnahm. Neu sind allerdings die Materialarten. In einer formalen Situation sollte der Materialmix entweder Kontrast durch Textur oder Farbe bewirken, zur Vermeidung widerstreitender Eindrücke jedoch nicht beides.

Ziegel, ein traditionelles Material, erhalten durch schmale Schieferstreifen eine moderne Note, und Naturstein- oder Betonplatten sehen mit Fugen aus Bandstahl hervorragend aus. Ich selbst habe in einem Garten grünen Cumberland-Schiefer im Läuferverband verlegt und zwischen den rutschsicheren rauen Platten Streifen aus hochpoliertem Schiefer eingefügt; diese glänzenden Bänder intensivierten die matte Färbung dramatisch. Um die Härte eines Plattenbelages zu mildern, bietet sich gegebenenfalls eine Bepflanzung der Fugen mit dem nicht winterharten, langsam wachsenden Koreagras *(Zoysia tenuifolia)* oder, in kühleren Gebieten, mit der Polstergrasnelke *(Armeria caespitosa)* an, die sogar blüht.

Flächige, „fließende" Materialien wie Beton, welche Dehnfugen erfordern, lassen sich durch Einfügen kleinerer Pflastersteine, Kacheln, Ziegel oder sogar Hartholzstreifen als großflächiges Rastermuster auslegen. Tatsächlich kann man jedes beliebige Material in Beton setzen; ein derart geordnetes Schema kann sehr angenehm und beruhigend wirken. Glasierte Keramikkacheln lassen sich hervorragend in Kombination mit Stein und Marmor in Beton verlegen. Quadratische Glasbausteine, in einen mattgrauen oder terrakottafarbenen Plattenbelag eingepasst, übernehmen eine Doppelfunktion, sobald man sie mit Strahlern unterlegt (vgl. S. 26), Schrittsteine aus Stein, Beton oder Bahnschwellen werden in einer Kiesfläche zu einem Muster.

rechts Gewachsener Fels und Wasser sorgen für eine kühne Unterbrechung der glatten, Sandstein imitierenden Betonstreifen in diesem von David Stevens entworfenen Garten.

rechts außen Schlangenbart (Ophiopogon) und diagonal verlegte quadratische Steinplatten lassen auf der geradlinigen Pflasterfläche ein grünes Gitterwerk entstehen.

Imitate

Naturmaterialien werden immer rarer und sind bedeutend im Preis gestiegen. Aus ökonomischen wie ökologischen Beweggründen haben Hersteller neue Werkstoffe entwickelt – Beton, der Naturmaterial imitiert, und Kunststein, der aus zerstoßenem oder pulverisiertem Naturstein hergestellt wird. Beide Materialien sind oft auch billiger in der Verarbeitung, da aufgrund ihrer einheitlichen Stärke größere Flächen auf einmal angelegt werden können; auf einem festen Fundament sollte sogar der Laie hierzu in der Lage sein.

Die auf Seite 16-17 beschriebenen Steinplatten können sämtlich als Kunststein aus Beton hergestellt werden, doch auch hier ist Qualität ein grundlegender Faktor. Die Gussform wird detailgetreu vom „Urstein" abgenommen, und dem Beton wird zerstoßener Stein beigemischt, um die richtige Textur und Färbung der Kunststeinplatten zu garantieren. Gut gemacht, verwittern sie in gleicher Art wie das natürliche Vorbild. Es lohnt sich, nach höherwertigem Material Ausschau zu halten, das in mehreren Größen angeboten wird, wodurch sich identische Platten seltener wiederholen. Solche mit verräterisch blasenreicher Oberfläche und ringsum abgeschlagenen Kanten sind zu meiden, da sie ganz und gar unecht wirken. Ein guter Hersteller benutzt alte, charaktervolle Steine für die Gussformen, eventuell sogar solche mit Scharrierspuren, die verraten, wie der Stein gewonnen oder verarbeitet wurde. Die Platten sollten grundsätzlich durchgefärbt sein, damit das Aussehen nicht durch Abnutzung beeinträchtigt wird.

Für frostgefährdete Gebiete gibt es sogar imitierte Terrakottaplatten aus Beton. Diese altern manchmal nur langsam, und wenn alle Platten exakt denselben Farbton haben, wirken sie sehr künstlich. Manche Hersteller erzielen reizvolle Effekte, indem sie die Form von echten Terrakottaplatten abnehmen und sie durch typische Spuren des Brennvorgangs, wie Kratzer und geplatzte Bläschen, individualisieren. Manche sind rau, manche glatt, äußerlich wie handgeformt, was formaler Strenge eine gewisse Würze gibt. Manchmal sind mehrere „Platten" zu einem größeren Grundelement zusammengefasst, was die Kosten reduziert; sorgfältiges Verfugen unterstützt die Wirkung, und mit der Zeit verliert sich ein wenig das Neue. Anstatt im früher üblichen überladenen Fischgrat- oder Flechtverband kann man all diese Platten im modernen parallelen Läuferverband verlegen.

Ebenfalls im Handel erhältlich sind Beton „ziegel"; die bisher erwähnten Vor- und Nachteile treffen hier genauso zu. Manche wirken fast echt, mit geharkten Oberflächen und düsteren Farben, doch es gilt einige entsetzlich unechte Farbtöne zu meiden. Echte Backsteine sind rostrot, nicht purpurrot wie so viele simulierte Mauer- oder Betonpflasterziegel. Graue Beton-„Pflastersteine" können sich als lohnend erweisen, besonders solche mit bimssteinartiger Oberfläche, und es gibt stark texturierte, elfenbeinfarbene Pflastersteine, die Travertin nachempfunden sind. Man kann diese dem natürlichen Alterungsprozess überlassen oder ihre ursprüngliche, helle Färbung einmal im Jahr mit dem Hochdruckreiniger auffrischen.

Betonpflastersteine gibt es in unterschiedlich großen Einheiten mit gerumpelten Kanten, wodurch die maschinelle Perfektion gebrochen wird. Sie sind gut haltbar und lassen sich auf größeren Flächen, wie einer Einfahrt, in geometrischen Mustern verlegen. Eine simple gegossene Betonfläche in gleichmäßigem Grau oder hellem Beige ist meiner Meinung nach ebenfalls vollkommen in Ordnung und kann in den modernen formalen Garten ein angenehmes Gleichmaß einbringen; eine geharkte Oberfläche erhöht die Sicherheit.

DIE ELEMENTE: DIE MATERIALIEN

Fließende Materialien

Mit der modernen Technologie hat sich die Physiognomie der Bodenfläche gewandelt. Manche Pflasterstoffe sind direkte Abfallprodukte der Chemiewirtschaft, andere sind Resultat der Wiederverwertung. Wie wir sehen werden, ist der zeitgemäße Garten eher nach innen als nach außen orientiert, und die eingesetzten Materialien sind für das Design weniger begleitend denn richtungweisend. Es gibt einige wunderbare neue Werkstoffe, mit denen sich jede Kurve und jeder unzugängliche Winkel ausfüllen lässt; an Ort und Stelle gegossen, härten sie zu einer strapazierfähigen Oberfläche aus. Auch loser Kies hat noch nichts von seiner Beliebtheit eingebüßt; er ist ein Bodenbelag, der sich allen Gegebenheiten folgsam anpasst (vgl. S. 4 und S. 146).

Kies und Schotter

Kies, ein in der Gartengestaltung absolut nicht neues Material, wurde in der Vergangenheit als rein dekoratives Element eingesetzt. Im Rahmen des ornamentalen Stils füllte häufig farbiger Kies anstelle von Pflanzen ein Parterre oder einen Knotengarten. Heute wird Kies eher als praktischer Bodenbelag verwendet. Ebenso kann er als Mulchschicht Beete vor dem Austrocknen bewahren und Unkraut unterdrücken. Auch benötigen Pflanzen, die pralle Sonne und stark durchlässigen Boden bevorzugen, oftmals einen kühlen Wurzelbereich. All diese Anforderungen machen Kies zu einem vielfältigen und praktischen Material für den Gärtner von heute.

Aus der Perspektive des Designers ist es die geordnete Strenge des japanischen Gartens, in dem Kies allgegenwärtig ist, die zu seiner Verwendung im Kontext der modernen Klassik führte. Die Ozeane aus Kies, welche die sparsame Bepflanzung orientalischer Gärten umspülen, haben im Westen Anklang gefunden. Manchmal lässt sich der moderne Designer sogar durch das für den japanischen Stil typische sorgfältige tägliche Harken inspirieren (vgl. Foto S. 147). Mit einem Kiessee lässt sich jede Fläche problemlos bedecken, sei sie noch so winzig oder unregelmäßig, und weder Material- noch Arbeitskosten sind hoch. Auch diverse Schotter har-

monieren mit den Idealen des minimalistischen und des neuen klassischen Gartens; sie versehen große Flächen mit einer Textur und halten doch das Design schlicht.

Kies und Schotter sind unterschiedlich beschaffen und weisen in der Größe Variationen von fein (6 mm) bis grob (20 mm) auf. Scharfkantiger Splitt wird aus zerstoßenem Stein gewonnen und liegt im allgemeinen fester als runder Kies, der gewöhnlich aus Flüssen gebaggert wird. Kies braucht nicht gewaschen zu werden, bevor er im Garten ausgebracht wird, bei Schotter jedoch ist dies anzuraten. Die Palette natürlicher Farben reicht von dunklen Tönen bis hin zu hellen, die zu reduzierter Eleganz passen (ich persönlich meide allerdings reinweißen Quarz mit seiner Grabstellen-Konnotation). Es gibt warme Rottöne, Rosa, Blaugrau und Grün, die alle eine ruhige Verbindung mit Pflanzen eingehen. Die Farben sollten möglichst nicht im Kontrast zu anderem Pflastermaterial oder Gebäuden stehen, die Oberflächenstruktur dagegen sollte unbedingt anders sein. Die sanfteste Wirkung erzielt man mit einer Mischung von Braun-, Beige- und Honigfarben. Bitten Sie Ihren Landschaftsbauer oder Baustoffhändler um Proben, damit Sie testen können, welche Körnung und Farbe Ihnen entgegenkommt.

Als „Mulch" in einer extensiven Bepflanzung sollte Kies mit einer wasserdurchlässigen Folie unterlegt sein, die das Einwurzeln von Unkräutern verhindert. Zum Bepflanzen schneidet man die Plane kreuzweise ein; später wird dann die gesamte Fläche mit einer gut 5cm dicken Schicht Kies oder Schotter abgedeckt.

Beton

Beton ist dasjenige moderne Material, welches sich jeder Form ohne Unterbrechung anpasst. Im Bauwesen war er *das* Material des 20. Jahrhunderts, doch in der Gartengestaltung wurden seine Vorteile nur widerstrebend genutzt. Beton ist strapazierfähig, preisgünstig und auf kleinen Flächen problemlos ausgebracht, wenn er auch grundsätzlich eine Verschalung und Dehnfugen erfordert. Auf ebenem Boden passt sich der Werkstoff jeder

oben links *Zufallsformen aus weißem Marmor sind in die großformatigen quadratischen Bodenflächen und Sitzbänke aus poliertem schwarzem Beton eingelassen; sie übersäen diesen „Schatten-Garten", Teil eines Pariser Parks, mit einem fröhlichen Konfetti-Muster. Die Wurzelbereiche der Bäume werden durch Edelstahlplatten geschützt; wie zufällig angeordnete Schlitze lassen das Regenwasser abfließen und greifen das Thema auf.*

oben rechts *In einem ungewöhnlichen, von Andrew Cao entworfenen Garten findet sich eine sanfte, der Natur nachempfundene Hügellandschaft. In Kunstharz gebundenes Glasgranulat, dessen Farbe von dem Gelb der „Hügel" über grüne „Hänge" ins Tiefblau des „Tales" übergeht, passt sich dem Bodenverlauf vollkommen an. Auch die Grenzmauern sind von blauem Glasgranulat überzogen.*

Form an; mit Bodenfarbe, Pigmenten oder einer Dekorschicht gestaltet, ist er der vielseitigste moderne Bodenbelag.

Wird dem Beton bereits beim Anmischen Farbe beigemengt, so wird das Material vollkommen durchgefärbt; die Farbgebung ist gleichmäßig und ein Absplittern kein Problem. Ebenso lässt sich Beton oberflächlich mit Betonfarbe versiegeln, die eine chemische Verbindung mit ihm eingeht und so eine dauerhaft saubere, seidig glatte Oberfläche ergibt, die zu modernen, klar gestylten Gärten passt. Glattem Beton kann man außerdem durch Polieren spiegelnden Glanz verleihen. Sowohl das Einfärben als auch das großflächige Verlegen sollten vom Fachmann ausgeführt werden. Die Farbgebung kann lebhafter Hintergrund für sonnendurchtränkte Bereiche und exotische Pflanzen wie Yuccas und frostverträgliche Fächerpalmen sein, oder aber mit sanften Erdtönen von Beige über gepuderte Terrakotta bis hin zu blaugrauem Anthrazit hinter grünem Blattwerk und hellen Blüten in Pastellfarben zurücktreten. Alle genannten Behandlungsmethoden halten inzwischen auch Frost- und Tauwetterperioden stand.

Ein alternatives Finish erhält man, wenn man die Betonoberfläche während des Aushärtens („Abbindens") durch Aufdrücken einer Latte leicht wellt oder rillt. Eine solchermaßen aufgeraute Oberfläche bietet praktische Vorteile und kann außerdem die Farbintensität beeinflussen. Des weiteren lässt sich mit natürlichen Zuschlagsstoffen, wie zerstoßenen Kiesen, die man während der Zubereitung mit unter den Beton mischt, eine raue Oberfläche erzielen. Je nach Körnung des Zuschlags ergibt sich ein glatteres oder grobkörnigeres Gemisch; seine Farbe sollte passend zu den Bauten oder aber zur Bepflanzung gewählt werden. Wenn der Beton auszuhärten beginnt, wird die glatte Oberfläche mit einer harten Bürste bearbeitet, bis das körnige Relief frei liegt.

Epoxidharz-Böden

Ein neueres Material, das sich ebenfalls in beliebiger Form verlegen lässt, ist in Epoxidharz gebundener Kies. Hierbei liegt der Zuschlagstoff wesentlich dichter, und die optische Wirkung entspricht eher der von losem Kies. Das Verfahren ist kostspieliger als Waschbeton, doch mit dem Kunstharz umgeht man einige Probleme, die loser Kies mit sich bringt: Herbstlaub beispielsweise lässt sich zusammenkehren, und beim Gehen knirschen keine losen Steine – was allerdings derjenige als Nachteil ansehen wird, der gerne nahende Schritte oder Autos hört.

Kunstharzgebundener Kies ist praktischer und haltbarer als geschüttetes Material und passt sich jeder noch so komplizierten Kurve und jeder vom Designer eingeplanten Verjüngung an. Manchmal wird der kunstharzgebundene Kies mit einer Einfassung aus Pflastersteinen oder Naturstein versehen oder mit einer Holzverschalung. Ist er ausgehärtet, so ist keine sichtbare Stütze notwendig; die harten Kanten lassen sich mit Immergrünen wie bodennahem Cotoneaster, Kriechwacholder oder Immergrüner Kriech-Heckenkirsche (*Lonicera pileata*) verwischen.

Kunstharzflächen sind schnell und einfach gelegt, doch diese Arbeit sollte unbedingt vom Fachmann und in hochwertigem Material ausgeführt werden. Als Unterbau sind sowohl Beton als auch Asphalt und Holz geeignet; sie

links außen *Dieses Detail eines Entwurfs von Bonita Bulaitis zeigt eine makellose cremefarbene, kunstharzgebundene Kiesfläche; ganz ebenmäßig umgibt sie die Bepflanzung wie auch die eingelassenen Kreuze aus Edelstahl mit gleich bleibend exakten Kanten.*

links *Eine Spirale aus leuchtend hellblauem Glasgranulat durchzieht diese klare Wasserfläche. Der Kamm nimmt seinen Ursprung bei einer maskenartigen Büste und setzt sich zu einem Wirbel fort; ihn umgibt ein schmückender Saum aus Haarsegge,* Carex comans *'Frosted Curls'.*

Breite Betonplatten setzen sich zu einem fantasievollen Garteneingang zusammen; sie locken den Besucher über einen still daliegenden Seerosenteich zwischen den Betonmauern hindurch. Offene diagonale Schlitze ersetzen die Dehnfugen und lassen die massiven Platten gleichsam über dem Wasser schweben.

Industriell inspiriert

Ein Baugerüst verleiht diesem Garten den dreidimensionalen Rahmen; Glasbausteine finden als Grenzmauer und als Bodenbelag Verwendung, wo sie eine Verbindung mit hellen Betonplatten eingehen. Sandfarbener Kalkschotter sorgt für Abwechslung und bietet einer sparsamen Bepflanzung mit Schwingelgras einen gut dränierten Untergrund. Das Gefühl der Abgeschlossenheit wird durch die verspannte blaue Leinwand vervollständigt, die den Hintergrund für die aufrechte safranfarbene Fackellilie *Kniphofia* 'Shining Sceptre' in glänzenden Metallkübeln bildet. Weitere immergrüne Pflanzen – der *Bambus Fargesia* murieliae und der schlingende Sternjasmin *Trachelospermum jasminoides* – nehmen den nüchternen Materialien ein wenig von ihrer Härte.

rechts Gitterroste bilden eine sichere und doch durchsichtige Brücke über den Teich.

rechts außen Eine massige, grob beworfene Wand umschließt diesen Hof nach Juan Grimms Design; Wacholder wächst durch ihre niedrige „Fensteröffnung". Das kühne Gittermuster der Pflasterung zeichnet perfekte, mit Granit diagonal ausgelegte Quadrate, während die umlaufenden Terrakottaplatten, ein heller Widerhall der Wandfarbe, die Tönung der Dachziegel aufnehmen.

müssen jedoch fest, absolut sauber und frei von losen Partikeln sein, damit die Nutzschicht perfekt aushärtet (vgl. Foto S. 114). Stark befahrene Flächen, wie Einfahrten, erfordern ein geringfügig anderes Verfahren, das eine strapazierfähigere, flexible Decke ergibt. Das Resultat ist eine makellose Oberfläche, die zu modernen Baumaterialien und jeder Art von Bepflanzung passt.

Nicht jedes Zuschlagmaterial muss natürlichen Ursprungs sein. Alle möglichen Stoffe, die für den Gartengebrauch noch neu sind, können mit Harz gebunden werden. Spannend ist die Verarbeitung von Glasgranulat, dessen Farben von kräftigem Tiefblau bis hin zu leuchtenden, hellen Tönen reichen. Die Aufbereitungsverfahren der Recycling-Industrie produzieren Granulat ohne scharfe Kanten. Was jedoch wirklich leuchtende Farben betrifft, so sind kunstharzgebundene Gummischnitzel aus der Wiederverwertung unübertroffen; diese haltbare Oberfläche findet sich in einigen dramatisch modernen Gärten. Ursprünglich als weicher, federnder Untergrund für Sportplätze entwickelt, ist sie ideal für Kinder wie auch für bloße Füße, beispielsweise als Schwimmbadumrandung. Dieser Werkstoff ist genauso anpassungsfähig wie die oben beschriebenen Materialien; da er gut haftet, lassen sich mit ihm sogar steile Hänge und Vorsprünge überziehen. Ein solcher Boden muss professionell verlegt werden; er ist äußerst strapazierfähig, gut wasserdurchlässig, und die Farben laden zu fantasievoller Verarbeitung ein.

Auch Kunststoffgranulat, unterschiedlich getönter Sand, glatte bunte Glaskügelchen, Keramikscherben und bunte Kiese geben spannende Zuschlagsstoffe für Kunstharz-Oberflächen ab; eine Betonoberfläche lässt sich mit diesen Stoffen ebenfalls gestalten. Eine ausgesprochen dekorative Ausführung sollte sich auf einen kleinen Bereich beschränken, ähnlich wie die Muschelgrotten der Vergangenheit, da sich ein zu lebhaftes Dekor nicht mit moderner Klassik verträgt.

Industriewerkstoffe

Neuerdings findet sich auch manches Material im Garten, das man eigentlich mit Industriedesign assoziiert. Dieses passt ganz besonders zu einem minimalistischen oder „Hightech"-Gartenstil und ergänzt wirkungsvoll die moderne Architektur. Möglicherweise sind manche der Materialien nur über einen Bauunternehmer erhältlich, sonst aber im gut sortierten Baustoffhandel.

Aluminiumbleche mit geprägter Lauffläche werden für Metalldecks eingesetzt, die eine professionelle Montage erfordern. Diese ergänzen ein achromatisches Design mit weißen Wänden und schwarzem Holz, mit Glas und Stahl. Der Pflanzstil sollte ebenfalls dazu passen. Das dunkle Blattwerk des Schlangenbarts *Ophiopogon planiscapus* 'Nigrescens', einer 25 cm hoch werdenden grasartigen Pflanze, nimmt die Herausforderung direkt an; die relativ hohe Edelraute *Artemisia canescens* erinnert an Draht, während die riesige Große Eselsdistel *Onopordum acanthium* wie aus Stahlblech geschnitten wirkt. Das Resultat ist von kompromissloser und kühner Wirkung.

Metallgitterwerk, wie es im Maschinenraum großer Schiffe Verwendung findet, wird im modernen Garten erfolgreich für Laufstege, Treppenstufen und Balkone verwendet; es ist sowohl stabil als auch witterungsbeständig. Das offene Raster von Gitterbrücken lässt beim Überqueren die Sicht auf das Wasser oder die Pflanzung darunter frei. Sämtliche Metalloberflächen gehen eine hervorragende Verbindung mit weißem oder hellgrauem Kies ein und bilden einen wirksamen Kontrast zu silbriggrauen Holzflächen.

Die Elemente: Die Materialien

Solange die Oberfläche bequem zu begehen ist, braucht ein Weg nicht eben zu sein. Er kann mit dreidimensionaler Dynamik in den Raum hinausschwingen, wie dieser rote Plankenweg von Charles Jencks.

Weich und sinnlich

Das Leben in der Stadt ist für Füße eine einzige Strapaze. Selbst der dogmatischste moderne Garten mit kompromisslos formaler Anlage sollte daher einladend sein. Auch hier ist für eine mit Gras bewachsene oder mit einem nachgiebigen, taktilen Belag versehene Fläche immer Platz.

Rasen

Für fließende Kurven und unregelmäßig spitz zulaufende Flächen sind Rasen und Rindenmulch ausgezeichnete Decken. Viele Städter möchten kein Gras, da sie dann einen Rasenmäher unterbringen müssten, doch Rasenschnitt zieht geradezu magnetisch Vögel an, er darf nur nicht zu lange liegen. Kies wäre eine Alternative (vgl. S. 22); er kann von der Wegfläche direkt in die Pflanzflächen übergehen, doch auf ihm kann man nicht liegen, und es fehlt der Duft des frisch gemähten Grases.

Ein überschaubarer kleiner Rasenteppich, penibel geschoren, ergänzt den kleinen klassischen Garten gerade so wie ein weicher Teppich einen Holzfußboden. Verwegener ist ein Schachbrettmuster, bei dem sich leuchtend grünes Gras mit Kiesquadraten abwechselt (ähnlich wie der Entwurf mit Bubikopf auf S. 90); diese Fläche sollte allerdings nicht stark begangen sein, da sonst Kies und Gras nicht sauber getrennt bleiben. Selbst in einem winzigen formalen Bereich können geradlinige Rasenflächen der Bodenfläche Struktur geben (vgl. S. 116). Die nötige Perfektion erzielen Sie nur mit Saatgut von höchster Qualität; stellen Sie sich auf wöchentliches Mähen während der Wachstumsperiode ein.

Wer über eine große Rasenfläche verfügt, kann sich mit dem Rasenmäher amüsieren, indem er mit unterschiedlicher Höheneinstellung geometrische Muster, Rechtecke, Mäanderbänder, kurvenreiche Wellenmuster, konzentrische Kreise oder sogar Labyrinthe kreiert. Das erste Mal muss das Muster vorgezeichnet werden – Kreise und gerade Linien unter Zuhilfenahme von Pflock und Schnur; wenn Sie sich danach nicht etwas Neues ausdenken wollen, können Sie sich später einfach an dem vorhandenen Muster orientieren.

gegenüber Gemähtes Gras ist in diesem modernen Rasenlabyrinth, das die Thematik konzentrischer Kreise variiert, das taktile Medium. Mit einem Solitärbaum im Zentrum und einer Heckenumrandung entsteht hier eine geheimnisvolle Atmosphäre. Ein Tipp: Kehren Sie das Muster um, indem Sie jeweils den hoch gewachsenen Bereich kürzer mähen.

Holzdecks

Ein glattes Deck aus Holz ist eine angenehme, fußfreundliche Alternative zu hartem Stein. Dieses bewährte Material wird allmählich auch in Gebieten mit feuchterer Witterung populär; durch seine Geradlinigkeit passt es ausgezeichnet in den formalen Rahmen. In Kombination mit Beton, Stein oder Kacheln geht es eine gute Verbindung mit dem modernen Baustil ein, und ganz einzigartig wirkt es frei tragend über Wasser. Verwendet wird entweder Hartholz oder druckimprägniertes Weichholz; es kann gestrichen oder zurückhaltend lasiert werden. Harthölzer sollten aus nachhaltiger Waldwirtschaft stammen. Skandinavisches Redwood ist einen Blick wert;

es ist am preisgünstigsten und behält seinen bräunlichen Farbton. Amerikanische Rotzeder ist ein beliebter Holzbelag mittlerer Preisklasse; das teuerste Holz, amerikanische Weißeiche, ist härter und somit schwerer. Die beiden letztgenannten Sorten verwittern zu einem attraktiven, gedämpften Silbergrau.

Eine der besten Eigenschaften von Holzdecks ist die, dass sich der ganze äußere Wohnbereich aus demselben Material gestalten lässt. Bänke und Geländer markieren die äußere Grenze, Schatten spendende Pergolen und auch Tische lassen sich integrieren. Stufen aus dem gleichen Material, die ins Haus oder zum Garten führen, schaffen eine angenehme Homogenität. Als einziger Kontrast mag ein abgewandeltes Verlegemuster oder die Verwendung unterschiedlich breiter Planken dienen. Ein Niveauübergang oder Stufen dagegen können als Vorwand für einen Richtungswechsel dienen. Eine rechtwinklig zur Hauswand verlegte Beplankung ist ein guter Kontrast, wenn nicht Stufen zum Deck hinab führen – in diesem Fall ist die Verlegung in der Parallelen vorzuziehen. Diagonalen bringen eine gewisse kreative Spannung in die Ordnung. Normalerweise wird die Beplankung sehr geometrisch ausgelegt; der Rapport ist Teil ihres Charmes. Die klar abgesetzten Kanten brauchen nicht jäh zu enden, sondern dürfen dezent in den Garten übergehen.

Die Elemente: Die Materialien

Für den Anschluss des Holzdecks ans Mauerwerk sollte eine Möglichkeit zum Wasserablauf vorgesehen werden. Das Deck wird ohne Bodenkontakt über einer Betonplatte oder einer dicken, mit Unkraut unterdrückender Mulchfolie unterlegten Schicht Kies verlegt. Die Pfosten, auf denen die Träger und Querbalken aufliegen, werden in Beton gesetzt; Schrauben und Metallträger müssen rostfrei sein. Wer in feuchtem Klima lebt, darf nicht vergessen, dass nasse Holzdecks glatt sind; Abhilfe schaffen gerillte Planken oder ein Schutzanstrich aus abgetöntem Kunstharz mit Zuschlag, welcher die Holzoberfläche griffiger macht.

Kostengünstige Holzmodule werden neuerdings als „Holzfliesen" angeboten; ich persönlich ziehe dieser zusätzlichen Unterteilung in Quadrate eine durchgehende, im rechten Winkel oder diagonal verlegte Beplankung vor.

links außen *Eine Holzbeplankung wird gewöhnlich sehr mathematisch ausgelegt; hier verliert sich der gestaffelte Rand des geradlinigen Verlaufs in der Bepflanzung. Durch die Reflexion in den Glasschiebetüren scheint das Deck doppelt so breit wie es ist.*

links *Wunderschöne Details schmücken diesen naturbelassenen Holzbelag; Holznägel säumen die breiten Planken, und Kies füllt die Fugen aus.*

Die Architektur als Vorbild

In diesem schlicht gehaltenen Dachgarten nach einem Entwurf des Architekten Ian Chee wird die verzinkte Stahlkonstruktion durch eine Holzbeplankung gemildert. Weniger formale Trittsteine aus Beton und Findlingen bilden einen weiteren Kontrast zu dem minimalistischen Bauwerk; sie verleihen dem Garten eine Aura von Hochgebirge, die durch die Zwergbergkiefern *Pinus mugo* var. *pumilio* noch verstärkt wird.

Umfriedungen

Eine Umfriedung soll meist vollkommene Abgeschiedenheit bewirken; manchmal jedoch soll sie auch Licht durchlassen oder Einblicke gewähren. Die Aufteilung des inneren Raumes kann genauso wichtig sein wie die Abgrenzung des Gartens nach außen. Alle vertikalen Strukturen im formalen Garten sollten mit dem jeweiligen Bodenbelag kompatibel sein und keinen zu großen Kontrast in Textur und Farbe aufweisen.

Mauern

Traditionelle Methoden des Mauerbaus aus Stein und Ziegel sind auch für den modernen Garten relevant, doch durch Variationen lässt sich ein zeitgemäßerer Eindruck erwecken, solange der Gesamteindruck schlicht gehalten wird und nicht ins Rustikale abgleitet. Lassen Sie sich vor dem Bau einer massiven Mauer von einem Fachmann beraten.

Ziegelstein Aus blauschwarzen Klinkern entstehen dunkle Mauern, die sich gut einer Architektur aus Beton und Glas beiordnen lassen. Öffnungen lassen sich einplanen, die einen schönen Ausblick rahmen, so wie die japanischen „Mondtore" einen Durchbruch in massiven Mauern schaffen. Getönter Mörtel, ob hell oder dunkel, kontrastiert mit dem Mauerwerk und betont seine Struktur. Streichen Sie Ziegelmauerwerk niemals mit Farbe, da Sie diese nie wieder entfernen können, ohne die Oberfläche des Steins zu zerstören. Ist das Mauerwerk bereits durch abblätternde oder fleckige Farbe verdorben oder in schlechtem Zustand, erwägen Sie einen Verputz.

Putz Putz ist von unschätzbarem Wert, wenn es darum geht, Gartenmauern von schlechter Handwerksqualität oder solche aus billigen Betonwerksteinen zu kaschieren. Hierfür wird die Oberfläche mit einer dünnen Schicht Putzmörtel überzogen, wodurch ein gleichmäßig schlichter Untergrund entsteht; ein Vorteil ist, dass bei dem Vorgang sämtliche Fugen verdeckt werden und eine gleichmäßig glatte Wandfläche entsteht. Die verputzte Fläche kann sehr fein zu fast spiegelglatter Perfektion abgerieben oder aber

relativ rau belassen werden. Die Mischung muss frostbeständig sein; dazu lässt man sie langsam unter humiden Bedingungen abbinden – heißes, trockenes Wetter ist zu meiden. Putz kann farblich naturbelassen bleiben, als Farbputz aufgebracht oder aber in einem zweiten Arbeitsgang gestrichen werden. Für einen imitierten klassischen Bewurf sind kräftige Erdfarben, Terrakotta und Ockertöne passend.

Es gibt viele Sträucher, die sich gut vor solch einer schlichten Kulisse präsentieren; zum flachen Spalier gezogen, wirken sie sparsam und modern. Die blühende Japanische Zierquitte *(Chaenomeles)* beispielsweise ist von natürlich eleganter Wuchsform und wirkt, flach an der Wand gezogen, durch ihr schwarzes Astwerk selbst im Winter geschmackvoll. In milderem Klima entzückt der blütenreiche mexikanische Hammerstrauch *Cestrum elegans* ebenfalls durch eine anmutige astige Wuchsform. Für einen kräftig getönten Hintergrund bietet sich weiß blühende Zierquitte an, für eine strahlend helle Wand dagegen der weinrote Hammerstrauch *Cestrum roseum* 'Ilnacullin'. Vor einer verputzten Wand in intensivem Farbton würde sich ein eher robuster Vertreter, der Echte Feigenbaum *Ficus carica* 'Brown Turkey', als Fächerspalier durchsetzen. Vergessen Sie nicht, dass Strauchwerk die Wand teilweise unzugänglich macht und einen Neuanstrich erschwert. Einem minimalistischen Garten kann eine schmucklose Wand sehr wohl genügen. Sowohl das Verputzen als auch das Streichen sollte einem praktisch veranlagten Amateur keine Schwierigkeiten bereiten.

Naturstein Naturstein ist grundsätzlich kostspielig, doch exakt gearbeiteter, sauber gemauerter Kalkstein wirkt im modernen Kontext wunderbar. Der gleiche Effekt zu einem Bruchteil der Kosten lässt sich mit einer Verkleidung aus dünnen Marmor- oder Schieferplatten auf Betonwerkstein erzielen (vgl. Foto S. 41). Weichere Natursteine, wie Kalk- und Sandstein, sind leicht verarbeitet und können mit einer fein bearbeiteten Oberfläche versehen werden, die dem modernen Garten entspricht. Einige Natursteine finden Sie im Gartencenter, doch wirklich gute Aus-

wahl gibt es im Steinhandel, wo man Sie auch bezüglich der Eignung beraten wird.

Trockenmauerwerk, das heißt mörtelfreie Verlegung, passt im allgemeinen nicht zur formalen Ethik. Mörtelfugen können so gearbeitet werden, dass sie nicht im Vordergrund sind; ein stark betonter Verband entsteht durch ausgekratzte Fugen, deren Schattenlinien die Mauer noch massiver wirken lassen. Im schlichten minimalistischen Garten, wo Textur eine große Rolle spielt, könnte Trockenmauerwerk hingegen angebracht sein – ein gut gearbeitetes Mäuerchen aus Flusskieseln ist ausgesprochen schön. Eine Natursteinmauer sollte unbedingt auf einem Betonfundament stehen; eine hohe Grenzmauer zu errichten erfordert Profikenntnisse.

oben links *Eine imposante, wogende Wand gründet wie eine hellrot getünchte, „abgeschabte" Betonklippe in einem Meer aus runden Kieselsteinen.*

oben rechts *Der glasklare Wasserschwall lässt die Natursteinmauer sichtbar, die aus dünnen Sandsteinplatten waagerecht aufgeschichtet ist.*

DIE ELEMENTE: DIE MATERIALIEN

Dieser Ausschnitt eines Entwurfs von Dan Kiley zeigt eine makellose Wand aus horizontal verlegten Betontafeln; Glyzinenstämme winden sich an dicken Spanndrähten empor und breiten sich oben zu einem Fransenbesatz aus. Auf der Insel in der Beckenmitte umrandet ein Rasen aus niedrigem Schlangenbart (Ophiopogon japonicus 'Minor') gestutzte Azaleen.

Zäune

Mit dem Wort „Holzzaun" sind häufig ländliche Assoziationen verbunden, wie weiß gestrichene Lattenzäune oder Rancher-Bohlenzäune, die beide nicht für einen modernen Kontext geeignet sind. Doch mit anderen Verarbeitungsweisen lässt sich Holz schärfer, geometrischer konzipieren. Der schlichteste Aufbau ist meist der beste formale Rahmen und recht unkompliziert ausgeführt, solange gutes Material verwendet wird und die Pfosten in Beton gesetzt sind. Dies ist nicht kostspielig, doch das Holz sollte nicht gerade das billigste sein und die Pfosten auf jeden Fall gegen die Witterung druckimprägniert.

Im modernen Rahmen kann ein Zaun aus anderen Materialien als Holz gearbeitet sein; Metall ist darunter wahrscheinlich das Passendste. Die Felder können entweder aus Blech mit einer dekorativen Perforierung bestehen oder aus Stahlgitter. Alternativ lassen sich Stahlstäbe, Aluminiumlamellen oder Kupferrohr sowohl vertikal als auch horizontal oder diagonal einsetzen. Guss- und Schmiedeeisen spielen ebenfalls eine Rolle, wenn auch nicht in der traditionellen prunkvollen Weise.

Holz Es ist ausgesprochen lohnenswert, Zaunelemente vom Tischler passend anfertigen zu lassen; in diesem Fall ist als erstes die Entscheidung zu treffen, ob Hartholz oder druckimprägniertes Weichholz verwendet werden soll. Das erstgenannte – wie Zeder, Rotzeder und Eiche – benötigt keine Behandlung und verwittert zu einem hellen Perlgrau. Das zweite eröffnet unterschiedliche Designmöglichkeiten, etwa einen deckenden Anstrich oder eine transparente Lasierung. Druckimprägniertes Weichholz überdauert viele Jahre; versiegelt oder lackiert lässt es sich zu tadellosen eleganten Zäunen verarbeiten. Holz in der Vertikalen eröffnet unendliche Gestaltungsmöglichkeiten. Dicke oder dünne Latten und Leisten mit quadratischem oder rechteckigem Querschnitt sowie Rundstäbe können auf Lücke oder auf Stoß montiert, aufrecht, horizontal oder diagonal befestigt, lackiert oder lasiert werden. Zwischen breite Latten können solche von anderer Stärke eingefügt sein, oder man montiert sie horizontal mit schmalem Zwischenabstand. Leisten mit quadratischem Querschnitt, mit geringem Abstand konsequent regelmäßig montiert, ergeben einen ansprechenden transparenten Blickschutz.

rechts *Diesen originellen Garten, der auf dem Festival des Jardins in Chaumont-sur-Loire präsentiert wurde, umgeben Wände aus Weidengeflecht, die wie die Seiten eines riesigen Korbes knarren und sich neigen.*

Mitte rechts *Dieses schöne Rankgerüst besteht aus quadratischen Holzleisten, die paarweise waagerecht und senkrecht gesetzt sind.*

rechts außen *Der Sichtschutz aus schlanken Ästen der Silberbirke ist von natürlicher Unregelmäßigkeit, wodurch die Strenge der Umfriedung gemildert und eine Verbindung zu den Birken im Hintergrund hergestellt wird.*

Wo der Bodenbelag aus markantem rauem Material wie Beton oder Granitpflaster besteht, wird aus der Derbheit der Bahnschwelle eine Tugend. Ihre massive, strukturierte Oberfläche ist wetterfest und langlebig und erfordert keine zusätzliche Behandlung. Horizontal verlegte Schwellen halten mühelos aufgeschütteten Boden zurück – eine kostengünstige Methode, Pflanzkästen herzustellen oder steilere Hänge zu terrassieren. Mit einer leichten Neigung in den Hang verlegt und mit verzinkten Schrauben befestigt, sind sie eine lange haltbare Hangbefestigung.

In einem nur sparsam mit Details ausgestatteten Garten ergeben sich durch die Kombination von Holz mit anderen Materialien überraschende Effekte. Es hängt vom Charakter des Gartens ab, welche Materialien am besten zueinander passen, und für die Ausführung müssten Sie sich an einen Landschaftsbauer wenden. Gehobelte Hartholzlatten im Wechsel mit glänzendem Stahlband umgeben einen maßgeschneiderten Gartenraum mit einer rhythmischen Vertikalen. Einen zierlicheren Eindruck mit orientalischer Note hinterlassen Zaunfelder aus gespaltenem Bambus in lackierten Holzrahmen.

Metall Metall ist ein edles und doch praktisches Material für den modernen Garten; aufgrund seiner Stabilität lassen sich daraus anmutige Formen schmieden oder gießen. Die schwarzen Eisengitterstäbe der Vergangenheit wurden durch galvanisiertes Aluminium und Stahl ersetzt. Aus ihnen entstehen fantasievoll gebogene und verdrehte vorgeformte Gitterstäbe, die sich zu Mustern kombinieren lassen; man kann sie fertig bei Zaunherstellern erstehen.

Eine einzige Drehung in einer geraden Stange, in ansteigender Höhe bei jedem Stab wiederholt, bringt Rhythmus in einen schlichten Gitterzaun. Wogende Zaunfelder, die sich abwechselnd herein- und hinauslehnen, setzen das Erscheinungsbild des Zaunes dem vorübergehenden Betrachter in Bewegung. Für die traditionelle Zaunspitze ist im modernen Garten kein Raum, doch der Kunstschmied kann maßgefertigte Zäune mit Bronze- oder Messingdetails versehen.

Metall kann leuchtend bunt oder – für eine subtilere Wirkung – in hellen, verblichenen Farben lackiert werden. Eine Beschichtung mit dem Pulver eines anderen Metalls verleiht ihm optische Tiefe. Alternativ können Handlauf und Stäbe je nach Material versiegelt oder galvanisiert werden oder an der Luft oxidieren.

Auch Rankgitter werden aus Metallen wie Edelstahl oder Kupfer gearbeitet; ihre Aussage ist sachlich-minimalistisch. Aus poliertem Edelstahl lässt sich ein offenes, großformatiges Gitterwerk konstruieren, welches bereits für sich vor einer farbig verputzten Wand wirkungsvoll ist – eine nicht auf Ranken angewiesene Skulptur. Lochbleche aus Stahl oder Paneele aus engmaschigem Drahtgewebe in unterschiedlichen Stärken benötigen ebenfalls keine Pflanzen, sind dagegen ein solider, einbruchsicherer und gleichzeitig transparenter Sichtschutz. Galvanisiertes Wellblech bringt Eleganz in den hypermodernen Garten, büßt jedoch unter Einfluss der Witterung seine anfängliche Makellosigkeit ein und wirkt dann scheckig und derb. Abgeflachtes Kupferrohr setzt Grünspan an, doch gerade das macht es attraktiv. Geflochten oder verdreht lässt sich auch dieses Metall vor einem angestrichenen oder aus Ziegel gemauerten Hintergrund am besten ohne Pflanzen

Der Rhythmus des Lichts

Mit elegant kalkulierter Zurückhaltung von Topher Delaney entworfen, besteht diese Umfriedung aus schlanken, blau lackierten Stahlplanken; ohne Querbalken stehen sie so dicht, dass sie Sicherheitsvorschriften genügen. Das zeitgemäße Material setzt dem Grundstück eine klare Grenze, ohne die Sicht zu behindern, und wirft ein kräftiges, rhythmisches Schattenmuster über die ebene Auffahrt. Der sich hinter dem Zaun eröffnende wunderbare Ausblick über die Waldlandschaft wird Teil des Gartens.

zur Schau stellen. Metallarbeiten auf Bestellung sind grundsätzlich kostspielig; für weniger Geld sind beim Zaunhersteller manche einfallsreich vorgefertigten Zaunfelder erhältlich.

Der wohl unaufdringlichste Metallzaun besteht aus Spanndraht, der zwischen Metallpfosten verspannt wird. Ähnlich wie die dünnen Drähte, welche Puppen zum Tanzen bringen, ist Spanndraht im Garten fast unsichtbar und dient doch Pflanzen als solide Stütze. Seine hohe Zugfestigkeit genügt sogar schwergewichtigen Kletterpflanzen wie Glyzine (Wisteria sinensis) und Clematis montana. Für den Dachgarten erfüllt ein Zaun aus reißfestem Spanndraht die nötigen Sicherheitsansprüche; allerdings lässt er den Wind ungebrochen passieren, was sich verheerend auf Pflanzen auswirken kann. Dickes Tau ist eine andere Alternative – doch so sehr man dieses auch straff ziehen mag, es erzielt nie die akurate Wirkung gespannten Drahtes.

Transparente Umfriedungen

Wo sich ein Blick aufs Meer oder eine Naturlandschaft bietet, kann vollkommene Transparenz erwünscht sein, doch wie in jedem Garten ist auch hier ein Windschutz unabdingbar. Für Dachgärten oder für den innerstädtischen Raum ist das vom Glaser gelieferte Verbundglas zwar teuer, jedoch sehr wirkungsvoll – ganz besonders dann, wenn es zum Teil durch Ätzung opak gemacht ist. Eine ähnliche, leichtere Variante sind günstigere, im Baustoffhandel erhältliche und UV-beständige Polycarbonat-Paneele. Mit mattiertem Plexiglas lässt sich ebenfalls ein vollständiger Sichtschutz erzielen. Pflanzen erhalten genügend Licht; sie sollten jedoch von schönem Wuchs sein, damit ihre Silhouetten optimal zur Wirkung kommen. Der horizontal gestaffelte Pagoden-Hartriegel Cornus controversa 'Variegata', mehrere runde Hügel der schräg gerippten Strauchveronika (Hebe) oder ein einzelner japanischer Ilex crenata in Wolkenform sind ebenso viel versprechende Kandidaten wie schlank aufragende Staudengewächse – Rostfarbiger Fingerhut Digitalis ferruginea oder die Steppenkerze Eremurus bungei.

Wesentlich massiver wirken durchscheinende Wände aus Glasbausteinen (vgl. Foto S. 26), die der Baufachhandel bereithält. Sie sind in unterschiedlichen Ausführungen erhältlich und verleihen dem hindurchfallenden Licht eine gewisse Schärfe. Glasbausteine sind stark belastbar und können wie Ziegel in Mörtel gesetzt werden. Sie passen sehr gut zu gefärbtem oder ungefärbtem Beton und zu Naturstein.

ganz oben **Acer palmatum 'Sango-kaku'** schaut durch dieses ungewöhnliche Rankgitter aus genieteten abgeflachten Kupferrohren nach einem raffinierten Design von Julia Brett.

oben Eva Jiricna entwarf den eleganten, undurchdringlichen Zaun, dessen Paneele aus Edelstahlgeflecht bestehen.

Die Einrichtung

Ein Garten ist nicht nur eine wunderbare Gelegenheit, der Natur näher zu kommen, sondern auch ein Ort der Ruhe und der Bewegung. Sein Design mag uns zur Entdeckungsreise einladen, doch ein jeder Garten sollte ein Plätzchen anbieten, an dem man innehalten und sich besinnen kann. Im geometrisch angelegten Garten ziehen Wegverzweigungen, aufeinander treffende Pfade oder ein schlichter Blickpunkt das Auge nach innen. Das gleiche Verlangen nach einem Ort der Stille existiert im asymmetrischen Garten mit eher abstraktem Plan. In Momenten der Ruhe ist die Betrachtung ansprechender Details ein integraler Bestandteil der Gartenerfahrung. Die Wahl des Mobiliars, eines schützenden Daches für Mußestunden, die Einbringung und Gestaltung von Wasser, die Art der Nachtbeleuchtung sowie auffällige Details wie Behältnisse und Skulpturen leisten dazu einen wichtigen Beitrag. All diese Einrichtungselemente gilt es als logische und gefällige Fortführung des formalen Gartencharakters zu integrieren.

Gern legt man bei diesem einfachen runden Pavillon inmitten einer Wildwiese eine Pause ein, um die grüne Landschaft auf sich wirken zu lassen.

Die Elemente: Die Einrichtung

Die reinweiße Sitzgruppe aus geformtem Kunststoff lädt auf der elegant zurückhaltenden, von Richard Unsworth entworfenen Terrasse zur Mahlzeit. Sie ist eine stilsichere Ergänzung zu den großen Betongefäßen mit Neuseeländer Flachs (Phormium) *und dem kleinen Wasserbecken mit Zwerg-Seerosen.*

Mobiliar

Die Erwartungen, die an den modernen formalen Garten gestellt werden, unterscheiden sich in nichts von den Erwartungen an alle Gärten, ob neu oder alt – nämlich Komfort, Machbarkeit und Schönheit. Der Stil des Mobiliars sollte dem Geist des Gartens entsprechen. Für einen nach den Prinzipien der Geometrie ausgelegten Raum sind daher schlichte Form und Linienführung wesentlich – üppig ornamentales Design hat hier keinen Platz. Zur Wahl stehen neue Materialien sowie traditionelle Materialien in neuer Verwendung, sofern sie zur Eleganz der heutigen Moderne passen. Designer-Möbel üben häufig eine Doppelfunktion als Skulptur aus, doch wer auf ihnen sitzen will, sollte prüfen, ob der Komfort dem Stil nicht nachsteht. Während Kreativität und Erfindungsreichtum uns vorwärts drängen, nutzen wir aus praktischen Erwägungen historisches Baumaterial, und so sehen wir heute Sitzgelegenheiten aus Marmorplatten, einem alten steinernen Türsturz oder Säulenabschnitten.

Wird ein Möbelstück als wichtiger Design-Mittelpunkt platziert, so muss es farblich und als Form in der Entfernung deutlich hervortreten. Solch ein Sitz kann entweder von massiver Grandezza oder von auffallend dominanter Gestalt sein; helle Farben heben sich in der Ferne besser ab. In einem intimeren oder abgeschlossenen Raum darf der Sitz auch außerhalb des Blickfeldes versteckt sein, wo er „zufällig" gefunden wird. Sitzgelegenheiten, die eher weniger auffallen sollen, können halbtransparent aus leichtem Aluminium, Metalllatten oder Eisendraht gefertigt sein. Eine fest eingebaute schlichte Bank könnte auf zwei niedrigen Mäuerchen aus Glasbausteinen ruhen.

Beton

In einem formal angelegten Rahmen wirkt das Mobiliar häufig am besten als fest eingebauter Teil des Designs, für immer an seinen Ort gebunden. Beton ist in diesem Fall ideal. Bei wahrhaft minimalistischer Gestaltung ist der verwendete Beton identisch mit dem Bodenbelag und ein permanenter Bestandteil in der architektonischen Struktur des Gartens. Beton

rechts *Die schlichte Holzbank, die mit einem Klappscharnier Platz sparend an der glatten Betonwand montiert ist, offeriert ein nettes Ruheplätzchen.*

rechts außen *Die helle Kalksteinbank ist fest in die Ecke der massiven Mauer integriert; sie bietet einen angenehmen Sonnenplatz, ohne die klassische Einheit des Gartens zu unterbrechen.*

mit einem Zuschlag aus fein zerstoßenem Naturstein imitiert echten Stein; wie beim Bodenbelag kann seine Oberfläche getönt oder strukturiert werden (vgl. S. 24).

Der Gartensitz gründet sich nicht länger allein auf das Prinzip der Bank, einer rechteckigen, von vier Beinen getragenen Sitzfläche: Im 21. Jahrhundert kann ebenso gut die Stromlinienform der Aerodynamik als Inspiration dienen. Aus Beton können auf einer Stahlarmierung alle möglichen fließenden oder geometrischen Formen ausgebildet werden. Eine frei tragende Sitzbank an einer Mauer ist Platz sparend und kann auf beiden Seiten einen glatten „Tisch" inkorporieren. Ein massives Band aus Beton kann zu einer gewundenen Sinuskurve ausgebildet sein, die den Boden an nur zwei Stellen berührt. Beton muss gründlich gemischt werden und langsam unter feuchten Bedingungen aushärten; am besten werden die Ideen direkt vor Ort vom Fachmann umgesetzt. Das vielseitige Material verwittert wie Stein und dunkelt mit der Zeit nach; mit dem Hochdruckreiniger können Sie sein ursprüngliches Aussehen bewahren.

Metall

Im kompromisslos modernen geometrischen Garten spielt solides, fest installiertes Metallmobiliar eine wichtige Rolle. Der Unterschied zwischen modernem Stahl und dem Gusseisen der Vergangenheit liegt in seiner trotz des schlankeren Rahmens größeren Festigkeit. Frei tragendes Architekten-Design oder schlanke, lineare Formen aus verchromtem oder lackversiegeltem Stahl sind weitere stabile Varianten. Im Handel wiederum sind vielfältige frei stehende Möbelstücke aus Metall erhältlich, welche im Vergleich zu Original-Designermöbeln ausgesprochen erschwinglich sind. Moderne Tische und Stühle aus rostfreiem Edelstahl können mit einem gebürsteten oder spiegelnd verchromten Finish versehen sein oder durch Perforation geradezu filigran wirken. Eisen und Weichstahl werden durch Verzinkung gegen Rost geschützt; Verbinder sollten sämtlich aus Messing bestehen oder verchromt sein.

Moderne Metall-Legierungen können farbig pulverbeschichtet werden, wodurch die Farbpalette auf Silber-, Grün-, Rot- und Blautöne ausgedehnt wird; eine solche Oberfläche ist haltbarer als eine einfache Lackierung. Auch kann Metall Leichtigkeit vortäuschen, wenn etwa eine Alu-Legierung mit Sitzfläche und Rückenlehne aus Eisendraht kombiniert wird. Kontrastreich wirkt Metall in der Kombination mit Holzlatten, Plastikgewebe oder bunten, glasfaserverstärkten Kunststoffen. Schlichte Leinen- oder Kattun-Kissen sind aus Gründen der Bequemlichkeit eine unerlässliche Ergänzung reiner Metallsitze.

Holz

Frei stehende Holzmöbel werden nie aus der Mode kommen; das Material bietet sich sehr für die schlichte Linienführung der modernen Klassik an und ist für den Essplatz im Freien ausgesprochen geeignet. Bewegliche Möbel ermöglichen eine vollkommene Umordnung der Dynamik des Gartenraums.

Sitzgelegenheiten sollten vorzugsweise aus Plantagen-Hartholz bestehen; ist eine Lackierung vorgesehen, so ist druckimprägniertes Weichholz eine Alternative. Es ist zu bedenken, dass Hartholz bis zu einem Jahr lang Tannin abgeben und dadurch helle Böden verfärben kann. In einem kleinen Garten können eingebaute Sitzgelegenheiten aus Holz als Teil des Rahmens

Die Elemente: Die Einrichtung

unten links *Dieser edle, minimalistische Stadtgarten, den Stephen Woodhams entwarf, gewinnt durch die Durchsichtigkeit der aufblasbaren Sitzmöbel, die im Nu fortgeräumt sind.*

unten Mitte *Eine Liege aus Holzleisten passt in den formalen Innenhof nicht weniger als auf ein Bootsdeck; ihr Schattenwurf zeichnet ein Muster auf den Ziegelbelag. Gepolsterte Auflagen wären der Bequemlichkeit nicht abträglich.*

unten rechts *Die Bank ist für den modernen Garten neu erfunden worden. In diesem perfekten Gartenraum wirkt die gewellte Sitzfläche aus Holzlatten auf ihrem leichten Stahlrahmen tadellos vor der mit grauem Stein verkleideten Wand.*

fungieren. An die Stelle der schweren alten gusseisernen Untergestelle sind für Sitzbänke häufig Alurohr oder schwarzes Stahlrohr getreten oder aber leichte Bögen aus Stahl, oder der Sitz wird frei tragend an einer fest installierten Metall- oder Betonkonstruktion befestigt. Besteht die Bank ausschließlich aus Holz, muss sie auf einem Stein- oder Betonboden stehen, denn selbst imprägniertes Holz verrottet bei ständigem Kontakt mit feuchtem Untergrund.

Stühle und Tische aus Hartholz dürfen das ganze Jahr im Freien verbleiben, doch mit Farbe behandelte Möbel sollten lieber den Winter geschützt verbringen. Heiße Sonne schadet Holz ebenso wie Nässe und Frost; daher sollte es einmal jährlich mit einem Holzschutzmittel oder einem Neuanstrich versehen werden. Handelt es sich allerdings um Zeder oder Eiche, ist dies unnötig, denn beide Hölzer verwittern zu einem attraktiven Perlgrau. Metallverbinder sind auf Rost zu überprüfen.

Viele Kunsttischler bieten heute ausgefallene eigene Kreationen an; ihre Möbel findet man auf den großen Gartenausstellungen oder durch Werbung in Gartenmagazinen. Diese Möbel werden als Einzelstücke hergestellt und sind daher kostspielig. Der Bruch mit alten Traditionen hat außerdem zu attraktiven neuen Fertigproduktionen geführt. Man findet Sitzflächen aus dampf- und druckbehandeltem Holz mit einer gewellten Oberfläche, die für jeden Benutzer eine bequeme Mulde bereithält. In klassischer Manier gibt es elegante Sitze mit beidseitigen symmetrischen Voluten. Wer will, gibt einem Tischler den Auftrag, eine kurvenreiche Bank aus gehobeltem massivem Holz anzufertigen, die sich durch den Garten windet.

Vor dem Hintergrund der Waldlandschaft erstreckt sich ein Holzdeck auf zwei Ebenen; ein umbauter Baum wirft leichten Schatten über den gekonnt integrierten Tisch mit Sitzgelegenheit. Den Vordergrund lockert sparsame Bepflanzung mit Schwertlilien und Federgras Stipa tenuissima zwischen runden Flusskieseln auf.

Korbmöbel erfreuen sich ebenfalls neuer Popularität. Die alte Kunst des Weidenflechtens ist wieder aufgelebt, doch die Formen sind kühner als die der alten „Korb"tradition. Im neuzeitlichen Rahmen des modernen klassischen Gartens stehen verdrehte Variationen in dramatischem Kontrast zu der makellosen Linienführung harter Oberflächen. Im innerstädtischen Garten, wo Sichtschutz häufig eine große Rolle spielt, bietet eine Laubenbank – ein geschützter Sitz, der von Wänden und Dach eng eingeschlossen ist – Schatten und Schutz vor unerwünschten Blicken. Rohr und Weidenruten lassen sich zu äußerst gefälligen Formen flechten, mit verlängerten Armlehnen und einem Dach.

Kunststoff

Strapazierfähigen Kunststoff gibt es für jeden Geldbeutel, doch der Preis drückt sich sehr wohl in der Qualität aus. Am unteren Ende der Preisskala finden sich häufig Kunststoffreproduktionen solcher Stücke, die einstmals aus Gusseisen hergestellt wurden. Diese tendieren dazu, unter dem Einfluss von Frost und UV-Strahlung brüchig zu werden. Liegt der Garten zudem nicht geschützt, so macht sich ein solches Leichtgewicht im Wind auf und davon.

Qualitativ hochwertige Möbel aus Kunststoff sind haltbarer, wenn auch teurer. Ein Design, das die Formbarkeit des Mediums respektiert, kann elegant und modern wirken und von klaren Linien bestimmt sein. Diese Kunststoffe können vorgeformt und mit Glasfaser verstärkt werden und organisch schwungvoll ausmodelliert werden. Ein Beispiel ist ein Möbelklassiker wie der Panton Chair, ein Sessel, bei dem der gerundete Fuß den geschwungenen Sitz und die Lehne trägt. Die Kühnheit des Designs der 50er- und 60er-Jahre erlebt heute durch die neuen Kunststoffe einen Wiederaufschwung. Mattierte Oberflächen in kultiviertem Weiß, Schwarz und Grau ergänzen den durch zurückhaltende Förmlichkeit gekennzeichneten Garten; leuchtende Farben entsprechen dem Geist des modernen Gartens, für den Zurückhaltung kein Thema ist.

DIE ELEMENTE: DIE EINRICHTUNG

Gartenhäuser und -elemente

Viele Gärten befriedigen das Bedürfnis nach einer Rückzugsmöglichkeit. Diese kann in Gestalt eines kleinen Anbaus im Schutz der Hauswand daherkommen, eines frei stehenden Gartenhäuschens, eines geschlossenen oder offenen Pavillons oder sogar eines zweckbestimmten Studios. Ist solch ein Bauwerk sichtbar gelegen, sollte es in das Gartendesign eingeplant werden, und den Proportionen des Gartens entsprechen. Für einen Garten nach formalem Design stehen weder rustikaler noch nostalgischer Stil zur Diskussion, doch es gibt eine Vielzahl moderner Designs mit traditionellen wie modernen Materialien.

Pergola und Bogen

Schattendächer und Rankgelegenheiten waren schon immer ein Teil des klassischen Gartens. Das übliche Material für Laubengänge waren Holzbalken; diese ruhten auf starken Mauer- oder Holzpfeilern. Heute ist Metall das bevorzugte Material. Das Aussehen der Pergola hat sich im Prinzip wenig verändert; sie hat den entweder rechteckigen oder gewölbten Querschnitt beibehalten, wenn auch in Größe und Proportion in der modernen Ausführung um Einiges reduziert. Auch ist die heutige Pergola meist weniger üppig gestaltet und nicht so stark berankt.

Manche Pergolen und Bögen sind schnell installiert und nicht teuer; sie bestehen aus leichtem, plastiküberzogenem Aluminium. Diese schlichten Bogenformen werden in die Erde gesteckt und halten, sofern sie mit leichten Pflanzen bewachsen sind, dem Wind stand. Der typische breite, schlichte Eisenreifen der Vergangenheit ließ vielfach verschlungene Kletterpflanzen in luftige Höhe streben; er passt ebenso gut zur modernen Klassik und kann breite Wege überspannen. Clematis ist für diese Situation das ideale Klettergewächs; pflanzen Sie sie nicht an frostgefährdete Stellen und sorgen Sie dafür, dass der Wurzelbereich beschattet ist.

Soll eine Pergola gewichtigere Kletterpflanzen tragen, wie Glyzinen oder Rosen, so müssen die Pfosten stabil und so hoch sein (möglichst 2,50 m), dass die schweren Blütentriebe oberhalb der Köpfe der Passanten schwingen. Träger und Reiter aus Holz sollten 150-200 mm breit und etwa 50 mm stark sein, damit sie nicht durchbiegen. Um dem Wind standhalten zu können, muss eine solche Pergola fest mit Beton im Boden verankert werden.

Ist das Haus eine moderne Betonkonstruktion mit Stahl und Glas, so ist eine Pergola aus schweren Stahlträgern, wie sie normalerweise im Betonbau eingesetzt werden, von ganz entschiedenem architektonischem Wert. Der Baustahl schafft eine eindeutige Verbindung zwischen Garten und Haus; er gibt eine Linie vor und deutet ohne großen Aufwand eine Dreidimensionalität an. Eine vergleichbare, leichtere Wirkung lässt sich für weniger Geld mit Baugerüsten erzielen.

Eine Pergola ist gewöhnlich nach beiden Seiten offen; im modernen Garten jedoch, wo sie manchmal direkt auf der Grundstücksgrenze steht, kann sie zur Außenseite hin verschlossen werden, um einen weniger attraktiven Anblick zu verdecken. Halb transparente Milchglasscheiben oder Polycarbonat-Paneele lassen das Licht durch, und Edelstahlgeflecht wirft willkommene Schattenzeichnungen auf den Weg. Nach oben hin bietet straff gespannte Leinwand einen Sichtschutz. Für eine nach oben offene Pergola sind großblättrige Kletterpflanzen mit ihrem dramatischen Laub zu erwägen – Goldblättriger Hopfen *Humulus lupulus* 'Aureus' oder der japanische Prachtwein *Vitis coignetiae* mit seinem dichten Blattwerk.

Markise und Sonnensegel Kein Garten sollte ungemütlich sein; manchmal benötigt ein Sitzplatz nichts weiter als einen Sonnenschutz. In heißen Gegenden beschirmen Sonnensegel die Menschen vor direkter Sonnenbestrahlung, ohne das Licht vollständig zu blockieren. Die durchscheinende oder halbtransparente Bespannung kann aus Leinwand, feuerbeständigem, PVC-beschichtetem Polyester, beschichtetem Glasfasergewebe und anderen Materialien bestehen, die Wind und Wetter trotzen und nicht allzu teuer sind. Zartes musselinartiges Gewebe lässt sich lose drapieren, auf straff gespannte Drähte ziehen oder von einem Rundholz abrollen, um einen Sitzplatz vor der Mittagssonne zu schützen.

Die blau lasierte Pergola und das Rankgerüst erheben sich hoch über den Rasen; Bahnschwellen bilden die Stufen zu dieser Laube mit starker Raumwirkung.

Isabelle Greene entwarf diese gewichtige Holzpergola, die sich gegen die strahlend weiß verputzten Mauern absetzt. Kräftige Rundpfähle liegen als Querstreben auf runden Pfosten auf, die stark genug für Schiffsmasten wären.

Der australische Architekt Gabriele Poole entwarf für dieses moderne Haus ein Holzdeck, dessen Planken parallel zu den Glaswänden und -türen verlaufen. Ein straff gespanntes Sonnensegel aus Leinwand bietet Schatten; die schrägen Metallstreben muten beinahe wie Ausleger an. Die Diagonale wird von der Sitzbank aus Eisengeflecht entlang der Außenseite der Terrasse ein zweites Mal aufgenommen. Eine einfache Möblierung in Schwarz und Beige hält die Ausstattung formal schlicht. Ein derartiger fest installierter Sonnenschutz erfordert sorgfältigste Verarbeitung und Montage mit Spanndraht und Seil – kein billiges Unterfangen, für das man sich an einen Spezialbetrieb wenden sollte. Das Material wird verschweißt und genäht; für die Montage ist eine stabile Stahlkonstruktion nötig.

Moderne Veranda

DIE ELEMENTE: GARTENHÄUSER UND -ELEMENTE

Die Gartenlaube

Ein im Blickfeld liegendes Gartenhäuschen dominiert das Bild, wenn es nicht aus demselben Material wie das Haus besteht. Eine andere Möglichkeit ist die Verwendung von hell gestrichenem Holz oder großen transparenten Glasflächen, die als Hintergrund für einen dramatischeren Blickfang oder eine architektonische Pflanze dienen kann. Eine frei stehende Gartenlaube hat meist einen vier-, sechs-, achteckigen oder runden Grundriss; das Grundprinzip sollte eine schlichte Geometrie ohne große Ausschmückung sein. Ein Architekt oder Handwerker kann die Laube als besondere Attraktion konzipieren, die der Grundstimmung des Gartens entspricht. Auch der Blick vom Häuschen nach draußen muss bei der Standortwahl bedacht werden – man möchte schließlich von seinem Schlupfwinkel etwas Schönes betrachten. Eine weitere Möglichkeit besteht darin, es auf eine Drehscheibe zu setzen, um es der Sonnenwärme zuwenden zu können. Auf der Rückseite lassen sich Gartengeräte unterbringen, wodurch sich ein Geräteschuppen erübrigt.

Aus praktischen Gründen müssen alle Gartenbauten wasserdicht und auf einem festen Fundament konstruiert sein. Die Lage ist ein wichtiger Gesichtspunkt; die meisten Häuschen werden in einem sonnigen Gartenbereich errichtet, um während der heißen Jahreszeit Schatten zu spenden. Auch die Belüftung ist wichtig, besonders bei großen Glasflächen; hierfür kann mit beweglichen Fenstern oder Schiebeelementen gesorgt werden. In ungeschützter Lage sollten die Wände dem Benutzer Schutz vor den vorherrschenden Winden bieten. Wo es heiß wird, sind Jalousien nötig, um dem Häuschen kühlenden Schatten zu spenden; eine Lattung aus Holz oder Aluminium erinnert an das Streifenmuster von Fensterläden. Ebenso effektiv sind weicher wirkende Matten aus Schilfrohr oder gespaltenem Bambus oder gesteifter Baumwollstoff. Sie alle werden aufgerollt oder -gefaltet und über Kurbeln oder Kordeln eingestellt.

Gartenlauben bestanden in der Vergangenheit aus Harthölzern wie Rotzeder, Douglasie, Zeder oder Eiche. Druckimprägnierte Weichhölzer können ziemlich haltbar sein, vor allem dann, wenn sie mit einem schützenden Anstrich oder einer atmenden Holzlasur für den Außenbereich versehen werden. Doch ebenso gut können die Rahmenkonstruktionen aus Metall, Stahl oder Aluminium bestehen und die Wandflächen aus gehärtetem, getöntem, geätztem oder klarem Glas. Auch lassen sich neue, UV-resistente Kunststoffe, wie PC-Paneele, für durchscheinende oder halb transparente Fenster oder Wände verwenden. Kann man diese aufdrehen oder gar aushängen, lässt sich das Gebäude bei hohen Temperaturen vollkommen öffnen.

Für einen modernen Look kann das Dach des Gartenhäuschens mit Gras gedeckt werden. Eine gewisse Dachneigung ist dabei von Vorteil, doch auch ein flaches Dach kann wirkungsvoll begrünt werden. In einer kargen, modernen Umgebung ist ein Grasdach sehr überraschend, doch sehr attraktiv. Das vorhandene Dach muss mit einem Schutzvlies und einem Wurzelschutz aus fester wasserdichter Folie abgedeckt werden; hierauf wird das Pflanzsubstrat ausgebracht, das mit Steinwolle oder leichtem Humus versetzt sein kann, und darauf die Rasensoden. Sehen Sie eine Berieselungsanlage vor; die Röhren dafür verstecken Sie an der Rückseite des Gebäudes. Ein Grasdach lässt sich mit sehr geringem Aufwand instandhalten – ein oder zwei Mal im Jahr entfernen Sie Unkräuter und kürzen das Gras mit der Schere. Als praktischen Nebeneffekt bewirkt ein solches Dach eine Temperatur- und Schallisolierung.

47

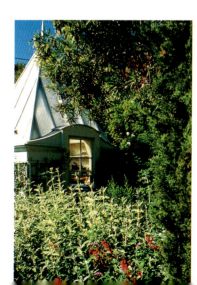

rechts Dieses Gartenhäuschen erinnert ausgesprochen an die Arts and Crafts-Bewegung; sein steiles, leichtes Dach jedoch besteht aus verklebtem Fiberglas, welches im Aussehen an Blei erinnert.

rechts außen Das stabile, dichte Lattengitterwerk aus Hartholz filtert in diesem Gartengebäude das helle Sonnenlicht. Weiß blühende neuseeländische Clematis paniculata klettert bis über den Dachfirst.

DIE ELEMENTE: DIE EINRICHTUNG

Messing ist das hochwertige Material, aus dem der Steg durch diesen von Vladimir Sitta entworfenen Wassergarten besteht. Der nur wenige Zentimeter über der Wasserfläche angebrachte, leicht schwingende Pfad lässt sich auf Wunsch überfluten. Das Wasserbecken säumt schwarzer Granit, anmutiger Bambus verstärkt das orientalische Ambiente.

Wasser

Mit Wasser lässt sich die besondere Stimmung eines Gartens wunderbar ausdrücken. Es hat schon immer eine wichtige Rolle gespielt, von den Gärten der Moguln über den persischen Paradiesgarten und Spanien bis hin zu den extravaganten Wasseranlagen des klassizistischen Italien. Vom Gesichtspunkt der Moderne ist Wasser heute so wichtig wie ehedem, doch liegt nun die Betonung auf Schlichtheit. Moderne Gärten zelebrieren die besonderen Eigenschaften des Wassers unter Verzicht auf die detailreichen, überladenen Ablenkungen, die sich im Lauf der Jahrhunderte eingeschlichen hatten, wie Kaskadenbrunnen und Wasser speiende Löwenköpfe. Wasser ist heute ein sanftes Rinnen, das kaum die Oberfläche stört, oder eine still ruhende Tiefe, die das Licht des Himmels widerspiegelt; es kann ein kräftiger Strahl sein oder nichts als sanftes Tropfen auf einen Mooshügel.

Sämtliche Aspekte des Wassers werden im modernen Garten erkundet: seine Durchsichtigkeit, seine Bewegung, seine Ruhe, sein Lärmen, seine Stille, seine Kraft. Es wird zu winzigen Tröpfchen zerstäubt und sogar zu Wasserdampf, zu verhüllenden Nebeln, durch die wir gehen. Vieles davon war in der Vergangenheit nicht machbar, doch heute steht uns dank der Elektrizität die notwendige Technik zur Verfügung. Damit solche Effekte wirken, ist jedoch Geschick erforderlich – Volumen, Geschwindigkeit, Gewicht und Gewalt des Wassers wollen verstanden sein, und das Ergebnis muss vollkommen mühelos scheinen.

Stehendes Wasser

Stille Wasseroberflächen holen das Licht des Himmels auf den Boden herab; auf der spiegelnden Fläche ziehen Wolken und wogen Bäume, und der Boden wird lebendig. Ein Becken von klassischer Geometrie ist im allgemeinen rechteckig, rund, polygonal oder L-förmig; das Hauptaugenmerk im modernen Garten richtet sich jedoch nicht auf die Gestaltung oder den Dekor, sondern auf die Oberfläche des Wassers und seine Tiefe. Lang gestreckte Wasserrinnen, parallel oder im rechten Winkel zum Gebäude angelegt, betonen die Ruhe des klassischen Designs. Um eine glatte

rechts *Aus einem quadratischen Schacht steigt Wasser auf, um in das seichte Becken überzuquellen. In der Wasseroberfläche spiegeln sich ein Birkenstamm und eine schlanke Sprudelsäule aus Plexiglas.*

rechts außen *Aronkelch (Zantedeschia aethiopica) mit einem „Mulch" aus weißen Kieseln gedeiht üppig in den quadratischen Pflanzgefäßen aus Beton, die in dem flachen, von Topher Delaney entworfenen Becken ein Rastermuster bilden. Schlanke Edelstahlstäbe bieten Kletterpflanzen vor der Wand Halt.*

Wasserfläche nahtlos in einen Hof zu integrieren, kann der Plattenbelag bis direkt an das Becken herangeführt werden, wodurch eine Umrandung überflüssig wird. Ein leichter Überstand wiederum wirft eine schmale, dunkle Schattenlinie; das Wasser liegt ohne die Unterbrechung durch einen Rahmen auf fast demselben Niveau wie das Pflaster.

Soll stillstehendes Wasser nicht von Algen getrübt werden, muss seine Tiefe wenigstens 45 cm betragen. Zwar soll seine Oberfläche unbewegt sein, doch um sauber zu bleiben, muss das Wasser von Zeit zu Zeit belüftet werden; mit einer Pumpe von angemessener Kapazität kann es in Abständen umgewälzt werden. Filter helfen gegen Schmutz, während Sauerstoff bildende Pflanzen für klares Wasser sorgen (vgl. S. 50). Liegt die Wasserfläche zu viele Stunden am Tag in der Sonne, wird man den Einsatz von Algenhemmern erwägen oder einen Teil der Wasseroberfläche mit geeigneten Pflanzen bedecken müssen. Seerosen *(Nymphaea)* sind für stille Becken am besten geeignet; sie unterbrechen die Spiegelbilder mit runden Blattflächen, die sich in die moderne klare Linie harmonisch einfügen.

Unter den Seerosen gibt es solche mit besonders großen Blättern – teils tropisch, teils frostverträglich –, als auch winzige Zwergformen. Ihre Blüten, die sie ein wenig über dem Wasser tragen, sind weiß oder unterschiedlich gelb, rosa oder tiefrot gefärbt. Manche Blüten bilden eine tiefe Schale, andere dagegen sind entschieden sternförmig. Treffen Sie Ihre Wahl sorgfältig; beachten Sie die Frostverträglichkeit der Sorte ebenso wie Größe und Tiefe des Beckens.

DIE ELEMENTE: DIE EINRICHTUNG

links außen *Vorhänge aus feinem Nylongewebe geben den Weg in eine kreisförmige Umfriedung frei. Sie sind ganz von Wasser bedeckt, das aus dem durchbohrten Eisengestänge herabrieselt und sie in einen durchscheinenden Sichtschutz verwandelt.*

links *Wasser quillt aus den Bohrlöchern einer Brunnenstele aus glatten, exakt zugeschnittenen Sandsteinsäulen; es rinnt an den Seiten des Steins herab bis in das mit Kieseln ausgelegte Auffangbecken.*

Wasser in Bewegung

Bewegung bedeutet nicht unbedingt Unruhe. Ein randvoll gefülltes Becken, aus dem Wasser in einen Kanal übertritt, ist für den neuen klassischen Garten ideal, und ein sanftes, träges Rinnen erinnert unaufdringlich an das Vergehen der Zeit. Wasser kann selbst eine Anmutung von Öl besitzen; lockend gleitet es dahin, und nur die leicht gekräuselte Oberfläche lässt ahnen, dass nichts je so bleibt, wie es ist. Wasserspiele mit geringer Durchflussgeschwindigkeit, oft auf Oberschenkelhöhe angehoben, sind häufig Bestandteil des minimalistischen Gartens. Der plastische Künstler Luis Barragan verdeutlichte die schlichte Eleganz dieses Prinzips in einigen seiner mexikanischen Innenhöfe.

Das Gewicht fließenden Wassers lässt sich auf unterschiedliche Weise zu dramatischer Wirkung nutzen. Wasser in Bewegung schäumt und braust und tobt; dieser tosende Lärm weckt die Geister, wie in dem berühmten Wassergarten der Villa d'Este nördlich von Rom, einem Gewirr fantastischer Effekte mit Wasserfällen, die auf tiefer gelegene Felsen zustürzen. Ein ständiges Donnern kann im kleineren, ruhigeren Garten von heute ermüdend sein, und zu Zeiten wird es notwendig sein, zum sanften Plätschern zurückzukehren. Glücklicherweise können wir solche Bewegung elektronisch steuern; theatralische Effekte lassen sich über eine schaltbare Zeituhr planen.

Im bewegten Wasser gedeiht eine größere Pflanzenvielfalt, doch für den formalen Garten ist es am besten, sich auf ein oder zwei Arten zu beschränken – man will nicht den Eindruck eines Naturteiches erwecken.

Die Pflanztiefe ist von Bedeutung und muss bereits während der Planungsphase berücksichtigt werden, bevor das Becken angelegt wird. Es sind Sockel notwendig, auf denen 10-20 cm hohe Pflanzkörbe Platz finden. Der Handel zeichnet Wasserpflanzen mit einer Wasserstandsempfehlung aus; die Sockel müssen so tief liegen, dass sich für die Pflanze mitsamt Korb der empfohlene Pegelstand ergibt. Im Zweifelsfall machen Sie die Sockel niedriger – so können Sie die Höhe gegebenenfalls durch einen Stein oder Ziegel ausgleichen.

Pflanzen für den Randbereich können direkt in sehr flaches Wasser (2,5 bis 7 cm) gesetzt werden. Die Weiße Sumpfdotterblume (*Caltha palustris* var. *alba*) ist ein Beispiel; sie breitet sich gut in feuchtem Boden am Teichrand oder in 2,5 cm tiefem Wasser aus (mit anderen Worten, der Rand des Pflanzkorbes befindet sich 2,5 cm unter der Oberfläche). *Houttuynia cordata* 'Flore Pleno' mit ihrem blaugrünen herzförmigen Blattwerk ist ein weiteres Beispiel; sie benötigt nur bis zu 5-10 cm Wasser. Und die entgegenkommende 80 cm hohe Gelbe Schwertlilie (*Iris pseudacorus*) gedeiht bereits in nicht mehr als 15 cm feuchtem Boden. Wasserlilien wirken durch ihre schwertförmigen Blätter und eleganten Blüten im modernen formalen Garten ganz besonders gut. Schwimmende Wasserpflanzen wie die Kanadische Wasserpest (*Elodea canadensis*) oder, im Sommer, das Krause Laichkraut (*Potamogeton crispus*) halten das bewegte Wasser klar, indem sie es mit Sauerstoff anreichern; sie müssen regelmäßig geteilt werden, damit sie nicht überhand nehmen.

Wasserstrahl

Elektronisch gesteuerte Wasserstrahlen bringen sprudelndes Leben in die Statik der formalen Gartenanlage. In diesem karibischen Garten entspringen sie in weitem Bogen aus einer Reihe unregelmäßig platzierter Wasserspeier. In dem schmalen Kanal parallel zum Schwimmbecken durchbrechen Papyrus und Wasseriris die horizontalen Linien des sparsamen Designs.

Die Elemente: Die Einrichtung

Der ungerade Wegeverlauf dieser versetzten Brücke fordert dazu auf, die Wasseroberfläche mit ihren Seerosenblättern eingehender zu erkunden; er erinnert an den Zickzackkurs japanischer Brücken, durch den böse Geister abgewehrt werden sollen. Die Betonfläche beschwört mit ihren Kupferspan-Tönen den zarten, impressionistischen Eindruck einer Aquarellzeichnung.

Kleine Wasserspiele

Im kleinen Garten von heute nimmt der geschlossene Wasserkreislauf ganz unterschiedliche Formen an – das Wasser schießt aus bisweilen übermannshohen Rinnen hervor, rinnt an glatten Glasflächen herab oder tritt als breiter Schwall aus einem Mauerschlitz aus. Es folgt jeder Krümmung eines Metallblechs, wie etwa aus gebürstetem Edelstahl, im Kontrast zur durchsichtig klaren, glänzenden Wasseroberfläche; auf bewusst unversiegelt belassenem Kupfer entstehen jadegrüne Spuren. Ein wirbelnder Strudel mit geradezu hypnotischer Wirkung entsteht, wo das Wasser in einem Loch in der Mitte einer runden Betonplatte verschwindet. Über stufenartig angeordnete Auffangbehälter tropft das Element herab, bis es schließlich lautlos in einem kleinen Becken zur Ruhe kommt. Mit geradezu minimalistischer Formalität tritt es in einem glatten, durchsichtigen Wasserfall über eine Klippe aus Plexiglas. Computergesteuerte, in eine Bodenplatte eingelassene Düsen lassen eine dreidimensionale, sich ständig ändernde Wasserskulptur entstehen. Den Möglichkeiten sind keine Grenzen gesetzt.

Die elektrische Pumpe, die das Wasser umwälzt, kann in der Anlage selbst untergebracht sein – hinter einer Wand oder Skulptur etwa – oder sich als Tauchpumpe im Auffangbecken verbergen. Beide Arten müssen einmal jährlich gewartet werden. Die Kapazität und Art der Pumpe hängt von der Wassermenge ab und von dem jeweiligen Zweck. Pumpen werden je nach Typ direkt an die Stromversorgung oder aber an einen 12V-Trafo angeschlossen; es ist dazu zu raten, einen Schutzschalter zwischenzuschalten. Die passende Pumpe auszuwählen und die Anlage in Betriebsbereitschaft zu versetzen, sind Aufgaben für den Fachmann, der vor Ort die Feineinstellung der Fördermenge und der Düsen vornimmt.

oben rechts *Wasser rieselt über eine Rinne in dieses seichte Auffangbecken; die flachen Kiesel, die seinen Boden bedecken, stellen die Verbindung zum Mosaikmuster im Vordergrund her.*

rechts *Springstrahlen unterschiedlicher Höhe bringt ein Raster versenkter Düsen im Jardin de l'Imaginaire im französischen Terrasson hervor. Die schlanken Fontänen verwehen zu feinem Nebel, der die Luft angenehm belebt und erfrischt.*

DIE ELEMENTE: DIE EINRICHTUNG

Der verzinkte Metallwürfel mit der Spanischen Artischocke (Cynara cardunculus) erlangt auf dieser von Paul Thompson entworfenen Dachterrasse aus zeitgemäßen Materialien eine geradezu künstlerische Plastizität. Die hohe, ausladende Staude bringt im Sommer große magentafarbene Distelblüten hervor; ihr stacheliges architektonisches Laub ergänzt mit seinem Graugrün hervorragend die silbrigen Metalltöne.

Skulpturen und Pflanzgefäße

rechts Es ist kaum zu glauben, doch hier scheint sich tatsächlich ein kleiner Zitrusbaum seinen Weg durch einen Spalt in der tönernen Hülle des schwebenden „Samenkorns" gebahnt zu haben.

rechts außen Wiederholung ist ein wirkungsvoller Bestandteil des modernen formalen Gartens. In diesem Entwurf von Topher Delaney ist eine Phalanx geschorener Buchsbaumkugeln in Betonschalen auf einem niedrigen Betonsims aufgereiht; flache Bodenstrahler sind dazwischen eingelassen, die subtile Schattenmuster an die glatte Wand werfen.

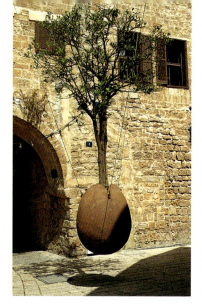

Steht eine Skulptur im Mittelpunkt des modernen Gartens, so sollte sie zu seinem Gesamtcharakter passen. Das Material sollte mit der Umgebung harmonieren oder einen durchdachten Kontrast schaffen. Darstellungen dürfen sowohl figürlich als auch abstrakt sein; es ist jedoch wichtig, Reproduktionen aus einer anderen Stilepoche zu meiden, es sei denn, die Absicht sei hintersinnig. Dasselbe gilt für Gefäße: Wie attraktiv auch eine Gruppierung überschäumend bepflanzter Töpfe sein mag, zum klar gestylten modernen Garten passt ihre zwanglose Wirkung nicht. Unbedingt vorzuziehen sind Gefäße mit identischer Bepflanzung, die paarweise, in einer Reihe oder in einer formalen Gruppierung aufgestellt werden und ihr Gegengewicht in einer offenen Fläche finden.

Pflanzgefäße

Je nach beabsichtigter Wirkung können Gefäße so gewählt werden, dass sie mit ihrer Umgebung verschmelzen, sie zurückhaltend schmücken oder aber als dramatisch plastisches Element hervortreten. Rechteckige Pflanzgefäße aus Naturstein oder Beton lassen sich als fester Bestandteil des dreidimensionalen Designs integrieren. Kleinere Gefäße von identischer Form – beispielsweise Holzwürfel, Keramiktöpfe mit klarer Linie oder verzinkte Pflanzgefäße – kann man als Reihen in die Geometrie des Layouts einfügen. Sie können mit gestutztem Buchsbaum bepflanzt sein, mit Myrte oder Lavendel oder mit gertenschlankem Reitgras *Calamagrostis* x *acutiflora* 'Stricta' (syn. 'Karl Foerster') oder der kompakten Rasenschmiele *Deschampsia caespitosa* 'Goldtau'. In Anlehnung an klassische Vorstellungen lassen sich Gefäße, die mit einer einzigen Sorte wie etwa Margeriten-Hochstämmchen (*Argyranthemum frutescens*) bestückt sind, wirkungsvoll auf den Kreuzungspunkten eines Rasters anordnen.

Im formalen Garten weist eine Solitärbepflanzung einem einzelnen Container eine tragende Rolle zu – Latschenkiefer *Pinus mugo* und Japanische Mandelkirsche *Prunus glandulosa* 'Rosea Plena' (syn. 'Sinensis') bieten zu jeder Jahreszeit einen eleganten Anblick. Alternativ wird die moderne Klassik durch Exoten wie Zwergfächerpalme (*Chamaerops humilis*), blühenden Oleander (*Nerium*) oder einen Zitrusbaum in Kugelform bedient. Saures Pflanzsubstrat lässt kleinwüchsige Azaleen gedeihen, die man nach japanischer Manier zu anmutigen Formen stutzt. Sie blühen nur einmal, doch diese kleinen Immergrünen zeichnen sich durch eine zauberhafte Erscheinung aus. Ein einzelner übergroßer Container aus Terrakotta oder kaltgeformtem „Blei" (Glasfaserverbundstoff), als dominierender Blickfang platziert, hebt Größenverhältnisse hervor und wirkt bereits ohne Bepflanzung. Meiden Sie Containerpflanzen ohne markante Gestalt: Farbe und Liebreiz genügen hier nicht. Silbriges Blattwerk dagegen, etwa das des Heiligenkrauts (*Santolina*) oder der Edelraute (*Artemisia*), verfeinert ein schlichtes, sparsames Design in sonniger Lage ebenso wie die zweifarbigen Blätter von Schwertlilien und Binsenlilien (*Sisyrinchium striatum*).

Alle Gefäße müssen künstlich bewässert werden, entweder per Hand oder durch ein fest installiertes Bewässerungssystem. Genauso gefährlich wie Trockenheit ist Staunässe; sie lässt sich am besten mit einer Lage Tonscherben auf dem Topfboden verhindern. Verwenden Sie grundsätzlich

DIE ELEMENTE: DIE EINRICHTUNG

spezielle Topfpflanzenerde; ihre körnige Struktur sorgt für angemessene Durchlüftung. Es gibt Wasser speicherndes Polymer-Gel, das in kristalliner Form verkauft wird und nach dem Einweichen unter die Erde gemischt werden kann, um den Topf länger mit Wasser zu versorgen. Der Standort eines Gefäßes kann vollsonnig oder mehr oder weniger beschattet sein – wählen Sie die Bepflanzung entsprechend.

Plastiken

Moderne Plastiken bestehen aus unterschiedlichsten Materialien, von Metallguss über Fiberglas bis hin zu frosthartem Keramik, Steinmetzarbeiten und rohem Naturstein. Werke aus Beton werden vor Ort auf Bestellung gegossen oder aufgebaut. Metall kann hochglänzend poliert oder mit Patina versehen sein; kunstharzgebundene Materialien und lackierte oder lasierte Holzkonstruktionen bringen leuchtende Farbe ins Spiel.

Die Platzierung einer Plastik erfordert gute Überlegung. Sie mag der einzige oder zumindest der augenfälligste Blickfang im ganzen Garten sein. Es ist zu bedenken, ob das Stück vom Haus aus oder nur von draußen sichtbar sein soll, ob es frei steht oder an einer Mauer angebracht wird. Eine wohlgeformte Skulptur kann helles Tageslicht benötigen oder sanft gebrochenes Licht, das den Betrachter näher lockt. Auch nächtliche Beleuchtung kann wichtig sein. Soll die Skulptur vom Haus aus zu sehen sein, darf sie nicht zaghafter Natur sein: Bestimmtheit ist alles. Ist ihr dagegen keine beherrschende Rolle zugedacht, können sich mehrere, in einem größeren Garten versteckt platzierte, eher feinsinnige Stücke als ausgesprochen erquicklich erweisen – dem ersten Blick verborgen, überraschen sie den Besucher in einer ruhigen, besinnlichen Atmosphäre. Auch Pflanzen können von ausgesprochen prägnanter Gestalt sein (vgl. S. 70) und sollten bei der Suche nach einem Blickfang nicht außer Acht gelassen werden. Bäume bieten sich ganz offensichtlich an: In einem warmen Klima wäre ein frei stehender Frangipani-Baum (Plumeria) wunderbar. Ein kleinerer Baum, wie japanischer Ahorn, ist sogar im Winter noch elegant, und die bis zu drei Meter hohen Ruten der Mahonia lomariifolia tragen langes, gefiedertes, stachelzahniges Laub und im Winter aufrechte Trauben duftender gelber Blüten.

Fundstücke Wo Sparsamkeit angezeigt ist, lässt sich mit Objets trouvés natürlicher Provenienz – knorrigen, verwitterten Baumwurzeln, vom Meerwasser ausgelaugten Balken, Kieselsteinpyramiden, einem einzelnen Findling oder einer Dreiergruppe nach japanischer Manier – eine plastische Präsenz schaffen. Im orientalischen Garten wird jedem Objekt eine Macht der Natur zugeordnet, die es in der Anlage symbolisiert. Eine wirkungsvolle asymmetrische Gruppierung bestünde zum Beispiel aus einem aufrechten Felsen, einem flachen Stein und einer umgedrehten abgestorbenen Baumwurzel mit himmelwärts gereckten Armen. Selbst Artefakte wie Bojen und Schwimmer, ein Maschinenwrack oder ein architektonisches Fragment können unterhaltsam sein, doch vermeiden Sie eine nebensächliche Zurschaustellung und ein Gefühl von Durcheinander: Ein bis drei Objekte sind genug. Heben Sie das Stück hervor, indem Sie es auf einem Sockel oder allein auf einer freien Fläche präsentieren – dadurch gewinnt es den Status eines Kunstwerks. Das Ziel des modernen Gartens ist schlichte Formalität, nicht ein irritierendes Durcheinander von Erinnerungsstücken, seien sie noch so bezaubernd.

gegenüber links *Das übergroße Ziegeltor stellt mit stark plastischer Wirkung den Übergang vom formalen Gartenteil zum Küchengarten her.*

gegenüber Mitte *Aus einem hohen konkaven Tongefäß, dessen skulpturale Form sich vor der terrakottafarben getünchten Wand abhebt, reckt sich ein bewehrter Christusdorn* Euphorbia milii *var.* splendens *dem Licht entgegen.*

gegenüber rechts *Die Betonskulptur von Topher Delaney ragt vor einer wilden Landschaft auf; in ihrer Mitte ist ein Sehschlitz angebracht.*

Drei Seiten dieses von der Autorin entworfenen Innenhofes sind von „Wänden" aus Glasschiebetüren gerahmt, die vierte Seite verschließt eine massive Ziegelwand. Das einzige Licht fällt von oben ein, wodurch die Pflanzpalette auf Farne, Bambus und Efeu begrenzt ist. Die Wirkung der farbigen Holzskulptur ändert sich mit dem Lichteinfall; sie suggeriert ständigen Wechsel.

DIE ELEMENTE: DIE EINRICHTUNG

In sanftem Licht erstrahlt des Nachts diese einzigartige holzgedeckte Dachterrasse, die von weiß verputzten Wänden und einem hohen Sichtschutz aus Holzlatten umschlossen ist. Versteckte Lichtquellen werfen einen weichen Lichtschimmer an die Wände und auf die Unterseite des Sonnensegels.

Beleuchtung

Sanftes Licht verwandelt den nächtlichen Garten und kann ihm ein vollkommen neues Gesicht verleihen. Abendliche Wohlgerüche locken uns nach draußen; der duftende Nachtgarten, einst als Luxus betrachtet, wird zu einem wichtigen Teil der Freiluftkultur. Die Technik ist so weit fortgeschritten, dass eine sichere, regelbare Beleuchtung auf Wunsch eine geradezu theatralische Nachtlandschaft entstehen lässt. Vor allem im Stadtgarten, der vom Haus vollkommen einsehbar ist, ist dies von ganz besonderer Bedeutung.

Durch entsprechende Illumination lassen sich nachts wechselnde, unterschiedliche Effekte erzielen. Einen hohen Baum beleuchtet ein versteckter Bodenspot – es gibt nichts Großartigeres als das Gerüst einer Atlaszeder vor dem Hintergrund der samtschwarzen Nacht. Im Geäst verborgene Lampen werfen für ein abendliches Dinner sanften Lichtschein auf eine Terrasse. Ein kleiner Akzentspot wird auf ein Wasserspiel gerichtet, auf eine Skulptur, ein Gefäß oder eine besondere Pflanze – die Silhouette hinterleuchteter Pflanzen vor einer blanken Wand ist besonders dramatisch. Eine ganz andere Stimmung kommt auf, wenn diffuses Licht von vorn auf Blattwerk fällt und tanzende Schatten wirft. Ein faszinierender Spiegeleffekt schließlich entsteht durch eine verdeckte Lichtquelle am Ende einer ruhigen Wasserfläche, welche die Bäume von unten ausleuchtet, sodass sie sich im schwarzen Wasser spiegeln.

Sicherheit ist im nächtlichen Garten ebenso bedeutend wie Wirkung, doch solange ihr Genüge getan wird, besteht kein Grund für grell ins Auge springende Lichtquellen. Stufen, Wege, Wasser, niedrige Hecken und andere Gefahrenstellen lassen sich problemlos indirekt beleuchten. Es gibt jedoch auch elegante moderne Leuchten, die zu verbergen geradezu eine Schande wäre. Die Noblesse schlanker Leuchtstäbe, aufrecht zwischen Stauden gruppiert, entspricht ganz der zeitgemäßen klaren Linie. „Beschirmte" Lichter breiten einen Lichtkreis auf dem Boden aus, der schöne Pflasterdetails hervorhebt, ohne zu blenden, und geradlinige Wandleuchten lassen wiederkehrende Lichtmuster entstehen.

Leuchtende Zisternen

Der überwältigende moderne „Paradies"-Garten nach einem Entwurf von Martha Schwartz ist nach strengem Raster ausgelegt; schmale Kanäle verbinden die quadratischen Ziegelplattformen. Die Rinnen sind von Mosaikkacheln in kräftigen Farben gesäumt; in der Mitte einer jeden Plattform steigt aus einem würfelförmigen Hohlraum ein schlanker Wasserstrahl empor. Versteckte Lichtquellen leuchten die Zisternen aus und lassen überdies die Fontänen erstrahlen. Scharfkantiges Quarzgestein markiert Quadrate um die Zierapfelbäume *(Malus)*.

Installation

Die neuere Beleuchtungstechnik basiert auf der Verwendung von Niedervolttrafos, welche die Spannung herabsetzen und für den Außenbereich sicherer machen. Mehrere Lichtquellen lassen sich an einem Niedervoltkabel anschließen, das von der um den Garten verlegten Hauptleitung abzweigt. Eine zu große Zahl von Leuchten oder ein zu langes Sekundärkabel haben schwächeres Licht zur Folge. Von Vorteil ist, dass die Leuchten selbst kleiner und dadurch tagsüber unauffälliger sind und die Leuchtmittel länger halten. Manche moderne Leuchten sind mit einem eigenen Trafo ausgestattet; sie sind lichtstärker und ideal zur Ausleuchtung großer Bäume.

Es gibt preiswerte Lichtsysteme im Handel, die sich beliebig im Garten platzieren lassen, doch sie sollten unbedingt vom Fachmann installiert werden. Ein qualifizierter Elektriker kann Sie bedarfsgerecht beraten; er kennt sich mit der Leuchtkraft und der Qualität der erhältlichen Leuchten aus und kann sie unter Wasser, in einem Pool oder hinter einem Wasserfall anbringen. Er baut einen FI-Schutzschalter ein und kann die Anlage so planen, dass sie vom Haus aus zu steuern ist; außerdem ist er (wahrscheinlich im Gegensatz zu Ihnen) unfallversichert.

Windlichter und Laternen

Eine Nachtbeleuchtung muss nicht notgedrungen elektrisch sein. Das flackernde Licht einer einfachen Kerze bringt Stimmung in den nächtlichen Garten; die kleinste Brise lässt Sie allerdings wieder im Dunkeln sitzen. Doch gibt es nun billige, sehr hübsche Kerzenhalter, bei denen die Flamme hinter einfachen Glaskolben oder unter einer beliebig verstellbaren Glashaube geschützt sitzt. Manche dieser Windlichter kann man an hohe, leichte Aluminiumstangen hängen, die ähnlich wie ein Hirtenstab oben zu einem großen Haken gebogen sind. So kann man viele verschiedene Lichter einzeln, paarweise oder mit geballter Gruppenwirkung in der gewünschten Höhe aufhängen. Dieselben Lampen kann man in Bäume hängen, wo sie stundenlang strahlen. Es gibt auch bunte Glasabdeckungen, doch im

gegenüber *An der Wand aufgereihte Leuchten werfen ihr Licht auf die Treppenstufen in diesem Garten von Martha Schwartz; sie lassen den spiralförmigen Handlauf im Schattenriss zum Kunstobjekt werden.*

links außen *Das einfachste Licht ist häufig das wirkungsvollste. Hier bietet ein kleiner Monolith aus Granit einer Kerze einen urwüchsigen Sims.*

links *Bodenstrahler lenken das Augenmerk auf die elegante Wuchsform wohlgestalteter Gewächse, wie den Gummibaum (Ficus elastica) und den Baum der Reisenden (Ravenala madagascariensis) beiderseits dieses Swimmingpools.*

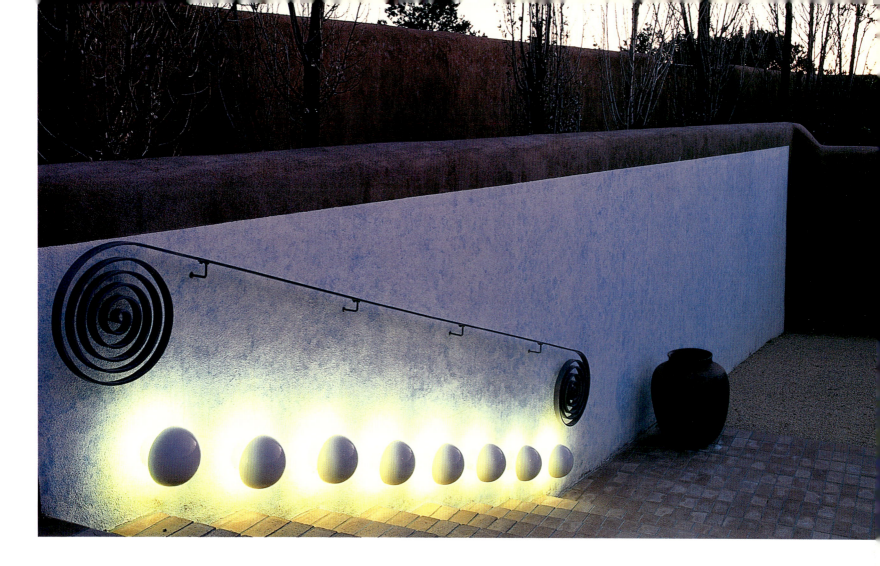

formalen Garten ist ein Technicolor-Effekt zu vermeiden. Zahllose kleine blaue Gläser mit winzigen Lichtern können den Zauber des Mondlichts im dunklen Garten verbreiten, aber warm strahlendes Kerzenlicht hinter klarem Glas sucht immer noch seinesgleichen. Im formalen Rahmen bleibt Zurückhaltung immer der Schlüssel zum Erfolg.

Auch die Petroleumlampe von Anno dazumal erlebt eine Renaissance und desgleichen Gartenfackeln, doch beide sind als mögliche Gefahrenquellen mit Vorsicht zu behandeln. Eine solche Lichtquelle ließe sich aus Gründen der Sicherheit und des Effekts hinter einem Gitter abschirmen. Vor allem aber ist eine „Flutlichtbestrahlung" des modernen Gartens zu vermeiden.

Formales Design ist für den Gärtner von heute ein guter Ausgangspunkt – eine Möglichkeit, Methode in die natürliche Überfülle von Blattwerk und Blüten zu bringen. Bereits in der Vergangenheit fiel bei der formalen Gestaltung eines Gartens die Wahl auf Pflanzen, die sich am besten für ein geometrisches Layout eignen, ob aufgrund ihrer natürlichen Wuchsform oder weil es möglich war, ihnen eine bestimmte Form zu diktieren. Bleistiftdünne Zypressen, wie man sie in den großen italienischen Gärten sieht, und die allseits bekannten niedrigen Hecken aus gestutztem Buchsbaum entsprachen der Geometrie ganz ausgezeichnet.

Dasselbe Pflanzenmaterial ist noch immer passend, doch die heutige Palette ist um viele Pflanzen erweitert, die ebenso gut der modernen Interpretation der Klassik entsprechen. Hierzu gehören einige Sträucher mit feinem Blattwerk, die sich wie Buchsbaum in Form stutzen lassen. Unserem neuen formalen Gartenkonzept entsprechen jedoch auch Pflanzen mit ausgefallener architektonischer Gestalt, großblättrige Arten und exotische Spezies, die dem alten Schema zu neuer Frische verhelfen. Auch Bäume spielen im modernen klassischen Garten eine wichtige Rolle. Eine wegbegleitende Baumreihe, ein Baumtor, das einen Zugang flankiert – sie fügen sich in eine vorgegebene Ordnung ein; beim reduzierten Design wiederum übernimmt ein Einzelbaum die Solistenrolle.

Die Pflanzen

Kein Baum übertrifft den Japanischen Ahorn an Eleganz, hier mit dem Schattenwurf vor einer schlichten Wand zweifach zelebriert.

Die Elemente: Die Pflanzen

unten *Diese makellos geschnittenen Buchsbaumhecken weisen in Abweichung vom üblichen exakt kastenförmigen Standard eine runde Form auf. In den geschwungenen grünen Innenräumen gedeihen wahlweise samtiger Rasen, kleine runde Formgehölze und einzelne Bäume.*

Formgehölze

Auf den natürlichen Habitus vieler Pflanzen lässt sich gezielt einwirken, sodass sich kräftige Linien und Konturen ausbilden. Der klassische Garten nutzte formgeschnittene Immergrüne wie Buchsbaum *(Buxus sempervirens)* und Eibe *(Taxus baccata)*. Weitere entgegenkommende immergrüne Sträucher, wie Brautmyrte *(Myrtus communis)* und Zypressenheiligenkraut *(Santolina chamaecyparissus)*, sind mit ihrem dichten, feinbelaubten Wuchs ideal für den Präzisionsschnitt, da sie an den Stämmen und Zweigen neu austreiben. Beim Scheren sorgt ihr feines Blattwerk mühelos für eine klare Form. Selbst wenn neuer Austrieb die Konturen verwischt, garantiert der dichte Wuchs dieser Sträucher die Erhaltung der Form.

Hecken und Parterres

Eine Hecke kann im formalen Garten das beherrschende Element sein. Der raumdefinierende Charakter durchgehender Hecken betont die Geometrie des Layouts, legt Wege und Sichtachsen fest, setzt Grenzen und umschließt Räume. Ob eine immergrüne Hecke zwei Stockwerke oder 15 cm hoch ist, dient sie im Winter als Konstante und im Sommer als nützlicher Hintergrund. Das Parterre ist ein traditioneller Gartenschmuck. Es hat sich aus der Idee heraus entwickelt, kleine, meist geometrisch angelegte und mit niedrigen Kräutern wie beispielsweise Thymian bepflanzte Beete mit einer niedrigen Heckeneinfassung zu umranden. Aus der Mode entwickelten sich immer kunstvollere Designs – bis hin zur Bourbonenlilie und verschlungenem Paisley – deren Flächen mit kurzlebigen Blühpflanzen oder schlichtem farbigem Kies gefüllt wurden.

Hecken Eibe ist für jeden Garten der wirkungsvollste Hintergrund. Sie ist dunkel und edel und gedeiht im Schatten ebenso gut wie im Licht. Sie ist für ihre Langlebigkeit berühmt, und da sogar sehr alte Stämme wieder frisches Grün austreiben, kann man sich immer darauf verlassen, dass sich die gewünschte Form auffrischen lässt. Wo im Winter die Temperaturen weit unter den Gefrierpunkt absinken, gedeiht die Gemeine Eibe *(Taxus*

Diesen Garten bevölkern fantasievolle, abstrakt geformte Gestalten – streng manikürt, doch asymmetrisch platziert. Die „Menge" gibt einen Wegkreis frei, der sich im Hintergrund in einem geraden Pfad fortsetzt.

gegenüber unten *Die gestelzte Palisade aus Rotbuche nach einem Design von David Hicks umschließt einen Gartenraum, dem sie formalen Charakter verleiht. Anstatt den Durchblick freizugeben, bilden die nackten Baumstämme ein senkrechtes Streifenmuster vor weiteren formgeschnittenen Buchen.*

baccata) nicht und sollte durch die Kreuzung *Taxus x media* 'Brownii' ersetzt werden. Diese wirkt ein wenig weicher, lässt sich jedoch genauso akkurat beschneiden. Alle Eiben leiden in schlecht durchlässigem Boden; sie mögen es zwar feucht, dabei aber gut dräniert und im neutralen bis niedrigen pH-Bereich. Unter geeigneten Verhältnissen können Eiben bis zu 30 cm im Jahr wachsen; sie sollten nur einmal beschnitten werden, und zwar Mitte bis Ende Sommer. Eiben sind stark giftig und sollten daher nicht entlang einer Weide gesetzt werden, wo sie das Vieh gefährden.

Andere Koniferen, wie die Lebensbaum-Sorte *Thuja plicata* 'Atrovirens', bilden dichte, weich wirkende Hecken von hellerem Grün. Am schnellwüchsigsten ist Lawsons Scheinzypresse (*Chamaecyparis lawsoniana*), die pro Jahr einen Meter zulegt. Wie alle Waldbäume sollten diese Koniferen noch jung zurückgeschnitten werden, und zwar auf etwa 30 cm unterhalb der vorgesehenen endgültigen Höhe; so reifen die jungen Triebe aus, um im folgenden Jahr dichten Wuchs in der gewünschten Höhe hervorzubringen. Später ist ein jährlicher Rückschnitt unerlässlich, um die Hecke dicht zu erhalten; dabei sollte jedoch nicht in das alte Holz geschnitten werden.

Laubhecken aus Hainbuche (*Carpinus betulus*), Ölweide (*Elaeagnus*), Lorbeerkirsche (*Prunus laurocerasus*) und Rotbuche (*Fagus sylvatica*) zeichnen in der formalen Anlage ein weicheres Antlitz als strenger geformte Pflanzen. Sie können mit der elektrischen Heckenschere geschnitten werden, doch ein Handschnitt mit der Gartenschere zeitigt das schönere Ergebnis. Die sommergrüne Hainbuche kann wie auch die Linde (*Tilia*) als gestelzte Palisade gezogen werden; die Seitenäste werden dafür waagerecht abgespreizt und alles übrige Wachstum entfernt oder eingeflochten. So entsteht ein dicht belaubter Sichtschutz von eineinhalb bis zwei Metern Höhe auf eineinhalb Meter hohen Stämmen, die einen Durchblick zulassen. Solch eine Palisade kauft man am besten vorgezogen mit waagerecht auf Lattenrahmen gespannten Seitenästen.

Zu den alten Traditionen, die im modernen Garten zu neuer Beliebtheit gelangen, gehören auch Hasel- und Weidenflechtzäune; man kann auch sie vorgezogen bestellen.

DIE ELEMENTE: DIE PFLANZEN

links außen *In diesem Design von Christopher Bradley-Hole wurde einer verputzten, terrakottafarben gewichsten Wand ein aus Ziegeln gemauertes Hochbeet vorgelagert. Die Materialien sind traditionell, die kompromisslose Präzision und Schmucklosigkeit dagegen nicht.*

links *Dieser moderne Garten weist sämtliche Elemente der traditionellen Klassik auf: Eibenhecken, buchsgesäumte Beete und Formgehölze. Eibenpyramiden im Zentrum der mit Lavendel gefüllten Parterres sind ein raffiniertes Echo der weißen, von George Carter entworfenen Obelisken.*

Miniaturhecken und Parterres Der Gewöhnliche Buchsbaum *(Buxus sempervirens)* kommt in vielen Formen daher, die bis über 180 cm hoch und breit werden können. Der kleinwüchsige Einfassungsbuchs *B. sempervirens* 'Suffruticosa' erreicht dagegen nur 120 cm und verträgt einen wirklich akribischen Formschnitt, mit dem sich Einfassungen von 75 cm Höhe bis hinunter zu nicht mehr als 30 cm manikürien lassen. Diese Sorte ist perfekt für die feinen Details eines Parterres geeignet. Die Blätter der buntlaubigen Form *B. sempervirens* 'Elegantissima' sind cremeweiß gerändert. Der Japanische Buchsbaum *B. microphylla* hat winzige Blättchen; seine Sorte 'Green Pillow' wächst zu untersetzten Hügelchen heran, die in einer minimalistischen Gruppierung oder in rhythmischer Wiederholung elegant wirken.

Zu den winterharten Pflanzen, die sich für niedrige geschorene Hecken eignen und daher oft im Parterre verwendet werden, gehören auch solche mit silbergrauem Laub. Heiligenkraut *(Santolina)* und duftende Lavendelsorten wie *Lavandula angustifolia* 'Hidcote' lassen sich zu weichen grauen Miniaturhecken heranziehen, ebenso der frostempfindliche Schopflavendel *(Lavandula stoechas)*. Die schnittverträglichen immergrünen Strauch- und Kriech-Heckenkirschen *(Lonicera nitida* bzw. *L. pileata)* zeichnen sich durch feines grünes Laub aus. In warmen, sonnigen Klimazonen kann die aromatisch duftende, leicht frostempfindliche Brautmyrte den Buchsbaum ablösen. Die schnellwüchsige Pflanze lässt sich niedrig halten oder bis zu 2,50 m hoch ziehen. Halten Sie nach der Unterart *Myrtus communis* var. *tarentina* Ausschau, der kompaktesten und windverträglichsten Art, die in den Gärten Roms bevorzugt wurde und noch heute im Mittelmeerraum beliebt ist.

Formschnitt

Der Formschnitt ist eine alte Kunst, bei der geeignete immergrüne Gehölze durch gezieltes Beschneiden zu frei stehenden dreidimensionalen Skulpturen herangezogen werden. Sämtliche oben aufgeführte kleinblättrige Immergrüne, ganz besonders Buchsbaum und Eibe, können zu beliebiger Form geschoren werden, ebenso verschiedene Ilexarten und der verlässliche, allerdings recht langweilige Liguster. Ilex verliert zwar seine Beerenpracht, wenn er beschnitten wird, doch sein derbes Laub, das durch Panaschierung besonders plastisch wirkt, kann eine Formgehölzsammlung von Eiben und Buchs schön beleben. Traditionelle Gestaltungsmöglichkeiten erstrecken sich auf Spiralen, Kegel, Pyramiden und Etageren, dazu Tiere und Grotesken. Diese haben inzwischen größtenteils der reduzierten Geometrie von Würfeln, Zylindern, Quadern und Formen des Art deco Platz gemacht.

Formsträucher verleihen dem Garten eine stille Autorität; sie zeugen von Wertschätzung und lassen den Besucher innehalten. In der Vergangenheit legte man eine formale Betonung auf Eingänge, flankierte Wege und nützte sie als ganzjährig schmückendes Element, das in seiner Unveränderlichkeit das dreidimensionale Gartendesign betonte. Heute dienen Formgehölze noch immer demselben Zweck, doch ihre abstrakte, schöpferisch manipulierende Wirkung hat den ornamentalen Aspekt abgelöst. Die fest verwurzelten Skulpturen werden gern so platziert, dass eine asymmetrische Spannung entsteht, welche das Augenmerk auf die Umgebung lenkt. Neben geometrischen Formen wie Pyramiden, Kegeln und Spiralen, die das Auge aufwärts ziehen, finden sich runde Formen aus kleinen bergigen Hügeln.

Kubistische Hecken

Die Wirkung dieses großen modernen Gartenstücks vor dem locker bewaldeten Hintergrund ist friedlich, formal und gefällig. Der Designer Piet Blanckaert hat aus streng geometrischen Würfeln, Pfeilern und flachen Quadern einen interessanten, asymmetrischen Grundriss geschaffen, der mit einer Holzbrücke über dem „Kanal" zur Besichtigung einlädt. Zur Rechten findet sich ein kunstvolles modernes Parterre, dessen Buchsbaum-Voluten von einer niedrigen Hecke umschlossen sind. Eine Rhododendrenpflanzung bildet den Übergang vom formalen Bereich zur Natur.

ganz oben **Kleine Hochstämme aus formgeschnittenem Buchsbaum säumen den Pfad; sie ragen aus dicht gepflanztem Lavendel Lavandula angustifolia 'Twickel Purple' auf. Beide sind klassische Zutaten des formalen Gartens.**

oben **In diesem schmalen, japanisch inspirierten Binnengarten von Luciano Giubbilei steht ein wohlgeformter „Wolkenstrauch" aus Buchs im Mittelpunkt. Das stille Wasserbecken wurde aus Glasbausteinen gemauert.**

Die ursprüngliche Akkuratheit der antiken Formgehölze hat sich häufig verloren; neue Formen haben sich über die Jahrhunderte entwickelt, das lebendige Resultat ein guter Kompromiss zwischen Mensch und Natur. Diese abstrakten Formen sind weder symmetrisch noch geometrisch oder figürlich, sondern seltsam verformte „Hügel" voll Theatralik. Der klassische orientalische Formschnitt entspricht diesem ein wenig; er ist weniger mathematisch denn organisch und berücksichtigt die natürliche Wuchsform der Pflanze. In den Gärten Japans werden Azaleen gern zu niedrigen Hügelformen geschnitten. Mit ihren kleinen, dichten Blättern vertragen sie einen kräftigen Rückschnitt; man kann sie daher beliebig gestalten, doch meist werden sie zu rundlichen Formen gestutzt, die sich wie Fels- oder Wolkenformationen aneinander drängen. Azaleen tolerieren alljährlichen Beschnitt, der ihre Größe konstant hält und sie so zu einem bleibenden Ruhepol im Garten werden lässt. Allerdings verändert sich ihr Erscheinungsbild mit den Jahreszeiten; sie sollten möglichst dieselbe Farbe haben, da ein bunter Flickenteppich die Ruhe stören würde.

Orientalische Einflüsse können im zeitgemäßen klassischen Garten mäßigend wirken. Dem Wolkenformschnitt liegt die natürliche Wuchsform des Strauches zugrunde: Seitwärts strebende Äste tragen kleine Kumulus-Wolken gestutzten Grüns; alle übrigen Triebe werden entfernt. Buchsbaum, Japanischer Ilex *(I. crenata)*, Chinesischer Wacholder *(Juniperus chinensis)* und Kiefernarten wie die Japanische Mädchenkiefer *(Pinus parviflora)* sind geeignet; auch der hübsche chinesische Glänzende Liguster *(Ligustrum lucidum)*, der gern als kleiner Kugelbaum angeboten wird, lässt sich in Wolkenform gestalten.

Praktische Erwägungen Beim Rückschnitt von Formgehölzen hilft es, rechte Winkel mit einer Richtschnur zu überprüfen, oder bauen Sie einen wiederverwendbaren Lattenrahmen oder eine Schablone. Aus Holz oder Metall vorgefertigte „Spanten" verbleiben im Strauch. Eibe muss einmal im Jahr zurückgeschnitten werden, Buchsbaum und Heckenkirsche zweimal. Den schnellwüchsigeren Arten wie Liguster muss man sich alle zwei bis drei Wochen zuwenden. Mit der Handschere hält man frei stehende Skulpturen mühelos in Form; für lange Hecken dagegen ist die elektrische Heckenschere ideal, mit der sich die klaren Konturen großformatiger Formsträucher ebenfalls gut erhalten lassen. Hohe Hecken sollten sich nach oben hin verjüngen, damit die unteren Partien nicht beschattet werden und Schnee abgleiten kann. Wer sich die Arbeit nicht zutraut, kann den Formschnitt nach seinen Vorstellungen vom Fachmann ausführen lassen; ist der Schnitt erst einmal festgelegt, lassen sich sowohl Hecke als auch Formstrauch mühelos pflegen.

DIE PFLANZEN: FORMGEHÖLZE

George Carter entwarf diesen überaus eleganten formalen Garten, in dem parallele Wasserstreifen mit hellen, lose geschütteten Kiesflächen abwechseln. Platanen in Blockpflanzung erheben sich über formalen „Sockeln" aus gestutztem Buchsbaum. Den Hintergrund bildet ein leichtes hölzernes Spalier mit grauem Anstrich vor verzinkten Paneelen aus Eisenblech, die den Garten zum Schimmern bringen.

Architektonisch und exotisch

Die moderne Klassik mag zwar geordnet sein, doch vorhersehbar ist sie gewiss nicht. Ein besonderer Reiz der neuen Entwürfe ist, dass es weniger vorgefasste Meinungen darüber gibt, wie ein Garten aussehen sollte; daher werden gerne heimische Pflanzen von ausdrucksvoller Gestalt oder solche aus subtropischen Regionen mit exotischer Wirkung als überraschendes und provozierendes Element eingebracht. Für einen geschützten Bereich kann Ihre Wahl auf eine verlässlich winterfeste Sorte fallen, oder Sie können empfindlichere Arten im Container ziehen und nur für den Sommer nach draußen bringen. Erkundigen Sie sich bei einer Gärtnerei am Ort, wenn Sie bezüglich der Eignung einer Pflanze für Ihr Klima im Zweifel sind.

Architektonische und exotische Pflanzen lassen sich als Solitär, in linearer Anordnung oder als Gruppe präsentieren. In der Solistenrolle zieht eine solche Pflanze alle Aufmerksamkeit auf sich und könnte als Hauptblickpunkt eines minimalistischen Gartens dienen. Durch Reihenpflanzungen wird der Grundriss betont; eine Gruppe wiederum dramatisiert einen im Übrigen einförmigen und pflegeleichten geometrischen Hintergrund.

Architektonische Pflanzen

Die so überaus wichtige Atmosphäre eines Gartens wird durch die Pflanzenwahl entscheidend beeinflusst, und in einer formalen Anlage spricht der Habitus einer Pflanze Bände. Vertreter mit von Natur aus klarer Linie wachsen zu charaktervollen Gestalten und Silhouetten heran; Beispiele für großblättrige Arten sind der frostempfindliche silbrig-grüne Honigstrauch *Melianthus major* für sonnige Bereiche und das Schaublatt Rodgersia für den Schatten. In einem Garten voller Details schaffen solche Formen einen Ruhepunkt für das Auge.

Die Wuchsform einer Pflanze ist häufig ausschlaggebend für ihren Einsatz; sie kann exakter, geometrisch-formeller Natur sein, wie bei der Säulenform des Gemeinen Wacholders *Juniperus communis* 'Hibernica', oder ausdrücklich asymmetrisch, wie bei den besten Formen des Japanischen Ahorns (*Acer sp.*). Senkrechte Linien gleich welcher Art halten den Blick

fest, und schwertförmiges Blattwerk steht genauso im Mittelpunkt. Steif aufrechtes, lanzenförmiges Laub wie das des Neuseeländer Flachses (*Phormium tenax*) wird immer hervorstechen. Aus seiner Pflanzenbasis entspringen weit ausgefächerte schmale Blätter, die viel Raum beanspruchen. In seiner Heimat erreichen die aus glattem grauem Laub empor strebenden Blütenrispen in dunklem Pflaumenrot eine Höhe von drei Metern. Einem milden Klima dankt die Pflanze, indem sie auf volle Höhe heranwächst; in weniger günstiger Umgebung beschränkt sie sich dagegen auf etwa 180 cm. Es gibt auch buntblättrige und rötliche Formen und außerdem einige kleinere Zuchtformen, wie den nur 45-60 cm hohen rotbraunen *P. tenax* 'Bronze Baby'. Mit ihrem kompromisslosen Äußeren passen alle Sorten des Neuseeländer Flachses in den formalen Garten. Eine weichere Wirkung haben einige der kleineren *P. cookianum*-Sorten, wie der 150 cm hohe *P. cookianum* subsp. *hookeri* 'Cream Delight' mit zurückgebogenen, in der Sonne glänzenden Blättern.

Auch manche Montbretien (*Crocosmia*) und Schwertlilien haben ähnlich hohes, elegantes, spitz-lineares Blattwerk, doch ziehen diese im Winter ihr Laub ein und verschmelzen im Sommer aufgrund ihrer leuchtend grünen Farbe relativ stark mit dem Laub anderer Pflanzen, weshalb sie weniger auffallen als die Phormium-Arten mit ihren Graugrün- und Purpurtönen.

Blattwerk für den Schattenbereich Der Schattengarten lässt sich mit einem Rahmen aus geschnittenen Sträuchern in Kombination mit einigen wenigen gewagt großblättrigen Pflanzen formal gestalten. Ein wohlgeformtes Blatt ist besonders dann von Vorteil, wenn es immergrün ist. Architekten, die ihren Stadthäusern schmeicheln wollen, setzen hierfür gern die pflegeleichte Zimmeraralie *Fatsia japonica* und ihre buntblättrige Form *F. japonica* 'Variegata' (beide 1,50-4 m) ein, da sie sich mit ihren großen, glänzenden, gefingerten Blättern selbst in tiefem Schatten gut vor Mauern machen. Der vortreffliche Akanthus hat sich ebenfalls den Respekt der Architekten verdient, und zwar bereits vor langer Zeit im antiken Griechenland, wie die

Die Pflanzen: Architektonisch und exotisch

links Hoch ragt der zottige Stamm dieser Hanfpalme (Trachycarpus fortunei) über die geschwungene, cremefarbene Mauer auf; ihre Fächer zeichnen sich scharf vor dem tiefblauen Himmel ab.

links unten Wie Kegel aus Salz wirkt das aufgehäufte Glasgranulat im Wasserbecken; die Beete dieses außergewöhnlichen Gartens, der mit „Exoten" wie Bananenstauden, Agaven und Aloen bepflanzt ist, sind mit einem „Mulch" aus blauem Glasgranulat bedeckt.

Kapitelle korinthischer Säulen bezeugen. Der stattliche Dornige Akanthus (Acanthus spinosus), der mit voll entwickeltem Blütenstand fast 150 cm hoch steht, gedeiht sowohl in leichtem Schatten als auch vollsonnig. Sein tief eingeschnittenes, scharf bestacheltes Laub ist beeindruckend, benötigt jedoch unbedingt Raum. Diese großblättrigen Pflanzen sind – unabhängig von ihrer Platzierung – grundsätzlich sehr ausdrucksvoll.

Die meisten Pflanzen mit großflächigen Blättern sind vor allem für beschattete, feuchte Standorte geeignet, wo ihre Verdunstungsrate geringer ist. Im gemäßigten Klima sind Schaublatt (Rodgersia), Zierrhabarber (Rheum), Silberkerze (Cimicifuga) und Kreuzkraut (Ligularia) mit ihrem runden oder gefiederten Laub sehr aussagekräftig; im Sommer zieren diese Pflanzen hohe Blütenstände. Im formalen Bauerngarten wirkt Fingerhut (Digitalis) gut über einem Teppich aus großen Funkien (z.B. Hosta 'Big Daddy'), Bergenien (z.B. B. 'Ballawley') und dem invasiven Rauhling Trachystemon orientalis mit seinen beeindruckenden Herzblättern; das überlappende Laub der Bodendecker macht einen wohlgeordneten Eindruck und kommt dem Bedürfnis nach Pflegeleichtigkeit entgegen.

Anmutige Sonnenkinder Für Blüten sowie ansprechendes Blattwerk an heißen Stellen sorgen einige steif aufrechte Stauden, wie die Fackellilie (Kniphofia), deren glühende Säulen zwischen hohen, spitzen Blättern aufragen, und die riesige Steppenkerze Eremurus robustus, die senkrecht bis zu 2,50 m und mehr emporstrebt. Solche und ähnliche Pflanzen können im Sommer, Wächtern gleich, einen Eingang flankieren oder sich zu einer Manhattan-Skyline in Weiß, Rosa, Creme und Gelb formieren. Zu den kühnen Pflanzen gemäßigter Bereiche mit himmelstrebenden Ambitionen zählen außerdem gigantische Rittersporn-Hybriden (Delphinium); diese benötigen allerdings eine Stütze für ihre teils mehr als zweieinhalb Meter Höhe – sie bieten einen jämmerlichen Anblick, wenn der Wind sie knickt. Die älteren Belladonna-Hybriden sind mit eineinhalb Metern Höhe kürzer, doch auch sie sind aufwärts strebend und bringen bis in den Spätherbst

DIE ELEMENTE: DIE PFLANZEN

immer neue Blütenkerzen hervor. Sie alle mögen gut durchlässigen, neutralen Boden.

Die spitze, silbrige Pracht der Spanischen Artischocke (Cynara cardunculus) benötigt Sonnenlicht und Freiraum, um ihre 180 cm Umfang zu entfalten. Der Federmohn Macleaya microcarpa 'Kelway's Coral Plume' (syn. M. m. 'Korallenfeder') benötigt mit seinem aufrechteren Wuchs trotz einer Höhe von 210 cm weniger Platz. Seine großen gelappten Blätter sind taubengrau mit weißer Unterseite; im Kontrast zu den glatten Blattflächen stehen die feinflaumigen Blüten. Abgesehen von subtropischen Gewächsen, die dazu jedoch hoher Luftfeuchtigkeit bedürfen, ist dieser Federmohn eine der wenigen großblättrigen Pflanzen, die an vollsonnigen Standorten gedeihen; gut durchlässiger Boden ist wichtig.

Zwei geeignete Zweijährige sollen nicht unerwähnt bleiben – zum einen die silbergraue, mörderisch bestachelte Eselsdistel (Onopordum acanthium), die im zweiten Sommer eine Höhe von 180 cm erreicht. Das Blattwerk der zweiten ist mit dem schimmernden grauen Pelz das genaue Gegenteil – die riesige Königskerze Verbascum olympicum wächst zu einer Höhe von mehr als zwei Metern heran.

Exotische Pflanzen

Designer moderner formaler Gärten verwenden auf der Suche nach einer unkonventionellen Sommeraufmachung gern „Fremdlinge"; mit diesen frostempfindlichen Exoten experimentieren sie und schaffen Gärten, die auf spektakuläre Weise von ihrer natürlichen Umgebung losgelöst sind. Als „Exoten" bezeichne ich Pflanzen mit dramatischem Laub und extravagantem Äußeren. Sie entstammen meist subtropischen Klimaten, können jedoch häufig erfolgreich in kühleren Gebieten gezogen werden, solange man ihnen einen geschützten, warmen Standort mit nährstoffhaltigem, durchlässigem Boden von gleich bleibender Feuchtigkeit bietet. Oftmals sind sie schnellwüchsiger als die einheimischen Pflanzen und verdrängen diese in einer Konkurrenzsituation.

Dieser Gartenstil ist weder bescheiden noch sentimental – er ist kühn und aufregend. Im modernen Garten können Exoten mit leuchtenden Farben und mächtigem Blattwerk überwältigend sein. Die robustesten, wie die Fächerpalme und die Zwergfächerpalme (siehe gegenüber), legen das Grundgerippe des Konzepts fest, entweder als einzelner Blickpunkt oder in Reihenformation, wie die Orangenbäume in Versailles. Heiklere Arten wie die Engelstrompeten lassen sich während der Sommersaison in das Grundgerüst einfügen, wenn man sie in Containern zieht und für den Winter wieder hereinholt.

Manche spitzblättrige Palmlilien sind frosthart, etwa die stammlose Adamsnadel Yucca filamentosa, die auch zehn Minusgrade überlebt;

DIE PFLANZEN: ARCHITEKTONISCH UND EXOTISCH

gegenüber Vor einem von moderner Kargheit geprägten Hintergrund liegt dieser von Isabelle Greene entworfene kalifornische Trockengarten; hier mischen sich Agaven mit Ewigblatt (Aeonium), Yuccas mit Mauerpfeffer (Sedum) und Schwingel (Festuca) mit Federborstengras (Pennisetum), für die durchgängig Blattwerk in gedämpften grauen und grünen Farbtönen kennzeichnend ist.

rechts In städtischer Umgebung erwartet man die frostempfindliche graublaue Fächerpalme Brahea armata ganz gewiss nicht. Und doch liegt dieser von Stephen Woodhams entworfene Garten so geschützt, dass die Pflanzen in verzinkten Metall-Containern gedeihen; droht im Winter Frost, können sie hereingebracht werden.

rechts außen In Reih und Glied aufgestellt wirkt das Blumenrohr (Canna) überaus formal; es verleiht der Rabatte Höhe und intensive Farbe.

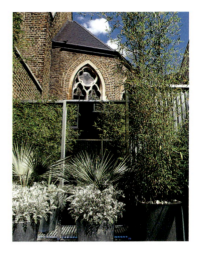

andere dagegen weniger, wie die hübsch kompakte, bodensitzende *Y. whipplei*, die nur in den wärmsten Gegenden gezogen werden kann und selbst dort gut vor kaltem Winterregen zu schützen ist. *Y. gloriosa* trägt sahneweiße Blütenglocken an mächtigen, 60 cm hohen Blütenrispen über einem von dolchspitzen Blättern gekrönten Stamm. Das prächtige graue linealische Blattwerk der Yucca lässt nicht mit sich spaßen – dies sind keine Pflanzen für den Familiengarten. Eine den Yuccas ähnliche Pflanze aus Mexiko, *Beschorneria yuccoides*, benötigt einen heißen, vollsonnigen Standort mit durchlässigem Boden und dazu Windschutz, etwa an einer Südwand. Ihre roten Blütenrispen lohnen unbedingt die Mühe. Das spitzige Laub der Keulenlilie ist weniger bedrohlich, jedoch nicht weniger elegant. *Cordyline australis*, die robusteste Art, übersteht fünf Minusgrade und kann eine Höhe von über 15 Metern erreichen; ziehen Sie jedoch auch *C. indivisa* in Betracht, deren große Krone an einem wärmeren Standort mit der Zeit drei Meter hoch werden kann.

Aus den wasserärmsten Gebieten der Welt stammen die außerordentlichen Kaktusgewächse. Diese Wasserspeicher wachsen zu widerstandsfähigen, unverwechselbaren fleischigen Gestalten heran. Die meisten sind nicht sehr anpassungsfähig, doch manche Feigenkaktusarten (*Opuntia* sp.) aus Nordamerika lassen sich an frostfreien Standorten eingewöhnen. Außer unter wirklich heißen, trockenen Bedingungen bleibt die Auswahl jedoch sehr begrenzt. In der Hitze der Wüste finden sich wunderbare Formen und Farben, wie die kleinen, rundlichen Arten des Igel-Säulenkaktus *Echinocereus* und die Kugelkaktusart *Echinocactus*, ein vollendeter Kontrast zum Feigenkaktus. Farbenprächtige Gesellschaft für sie findet sich in Gestalt von Aloen, wie der zwei Meter hohen blühenden Brandaloe *A. arborescens*, von Agaven wie *A. americana* 'Variegata' – niederträchtig gezähnt und bis zu 2 m hoch und breit – und von Ewigblatt, wie *Aeonium arboreum* 'Magnificum', das bei 60 cm Höhe einen Meter breit wird; weitere Gesellen sind die frostharte Kolibritrompete *Zauschneria californica* 'Glasnevin', eine horstbildende Staude mit scharlachroten Röhrenblüten, und Wolfsmilchgewächse wie die Steppenwolfsmilch *Euphorbia seguieriana*, eine buschige frostharte Pflanze von 45 cm Höhe mit graugrünen Blättern und endständigen, „giftgelben" Blüten.

Palmen werden nach ihren unterschiedlichen Blattformen in Fächer- und Fiedertypus unterteilt, doch die meisten können nur frostgeschützt hinter Glas gezogen werden. Die Hanfpalme *Trachycarpus fortunei* kann in milderen Gegenden überleben, wo die Temperaturen fünf Minusgrade nicht unterschreiten; sie hat einen baumartigen Habitus und erreicht etwa 8 m Höhe mit 1 m breit ausladenden Blattfächern. Die Zwergfächerpalme *Chamaerops humilis* ist mit eineinhalb Metern Höhe und Breite ideal für den kleineren Garten; sie ist bei Temperaturansprüchen von 7°C sehr frostempfindlich. Vergesellschaftet man diese Palmen mit silbergrauen Pflanzen und der immergrünen Palisadenwolfsmilch *Euphorbia characias* subsp.

ganz oben *Ein unübersehbarer Blickfang ist die hoch aufragende Steppenkerze* Eremurus 'Romance', *eine der größten und dabei schmalsten Stauden.*

oben *Im Huntington Botanical Garden schimmern runde Goldkugelkakteen* (Echinocactus grusonii) *vor einem Hintergrund aus Dracaena und Yucca im Sonnenlicht; in ihrer Mitte hält ein hoher Seeigelkaktus Echinopsis pasacana* (syn. Trichocereus pasacana) *Wache.*

wulfenii, einem 120 cm breiten rundlichen Halbstrauch, dessen Triebe dicht mit schmalen Blättern besetzt sind, so entsteht ein Garten von mediterraner Klassik.

Weitere exotische Blatteffekte tragen Bambusarten wie der Schwarzrohrbambus *Phyllostachys nigra* bei, dessen ebenholzfarbenes Rohr in kühleren Gegenden etwa 3,50 m Höhe erreicht, und der verwandte riesige *P. viridiglaucescens*, der 7,50 m hoch wird und Temperaturen von −20°C übersteht. Kleine Zwergbambusarten ergeben eine adrette Randbepflanzung, doch viele von diesen wuchern sehr stark. Selbst in gemäßigten Bereichen kann man mit einer Bananenstaude (*Musa basjoo*) Erfolg haben; sie entfaltet ihre Vorzüge erst richtig bei genügend Raum. Früchte wird sie keine hervorbringen, doch ihre großartigen paddelförmigen Blätter können einen Meter lang werden; schützt man sie im Winter mit Abdeckvlies, kann die Banane eine endgültige Höhe von 3-5 m und einen Durchmesser von 2-2,50 m erreichen. Aus Tasmanien schließlich kommt der Baumfarn *Dicksonia antarctica*, der sein niedriges Palmwedeldach heute in erstaunlich kühlen Gegenden ausbreitet, obwohl er nur leicht bis gar nicht frostbeständig ist; er bevorzugt humose, feuchte Bodenverhältnisse. Im Gartencenter finden Sie kurze Stämme, doch mit der Zeit erreicht der Baumfarn eine Höhe von zehn Metern; sein Blätterdach spreizt er bis zu vier Meter weit ab.

Für glühende Farbenpracht sorgen blühende Exoten wie das südamerikanische Blumenrohr (*Canna*), die Hakenlilie (*Crinum*) aus den tropischen Gefilden Asiens, der Rizinusstrauch (*Ricinus*) der afrikanischen Tropen, Aloe aristata und Schopflilie (*Eucomis*) aus Südafrika, westindische Engelstrompeten (*Brugmansia*) und indische Ingwerlilien (*Hedychium*). In gemäßigten Breitengraden kann man diese im Haus ziehen, um sie im Sommer draußen zwischen die bescheidener getönten Bewohner des Nordens einzufügen. (weitere Gestaltungsmöglichkeiten mit ausdrucksstarken Exoten vgl. S. 154)

Platzieren Sie diese Exoten sehr sorgfältig; geben Sie ihnen je nach Bedürfnis lichten Schatten oder einen vollsonnigen Platz vor einer Mauer, doch meiden Sie die Ostwand, da das erste Morgenlicht gefrorene Knospen und Blüten zu schnell erwärmt und dabei verbrennt. Achten Sie auf gleichmäßig feuchten Boden und darauf, dass die Bodendurchlässigkeit den Bedürfnissen entspricht. Ein Winterschutz aus Abdeckvlies erweitert die Skala der subtropischen Arten, welche die kalte Jahreszeit draußen verbringen können; wer über entsprechende Platzverhältnisse verfügt, kann sie auch im Haus überwintern. Auch Stroh, Farnwedel und sogar Zeitungspapier können empfindliche Pflanzen schützen; Jute- oder Sackstreifen halten dieses Material zusammen. Zusätzlich lassen sich vorübergehend Windbarrieren aus feinem Nylonnetz aufstellen, oder man umgibt die Pflanzen mit Hürden aus Weiden- oder Haselgeflecht.

DIE PFLANZEN: ARCHITEKTONISCH UND EXOTISCH

Die prächtige zweijährige silbergraue Eselsdistel Onopordum acanthium *ragt mit ihrer auffälligen Gestalt über einem Teppich von Schafgarbe und Gräsern auf. Die im Habitus wenig formalen Disteln sind nach einem strengen Raster ausgepflanzt; den Hintergrund bildet eine dunkelgrüne Hecke aus geschnittenen Eiben.*

DIE ELEMENTE: DIE PFLANZEN

Bäume

Im traditionellen formalen Garten wurden Bäume als Alleen angepflanzt, welche die axiale Metrik betonten und Ausblicke einrahmten. Mal waren es breit ausladende, sommergrüne Laubbäume wie Buche, Ulme oder Kastanie. Dann wieder schufen säulenförmige Bäume wie die Pyramidenpappel *Populus nigra* 'Italica' (syn. *P. pyramidalis*) oder die Italienische Säulenzypresse *Cupressus sempervirens* 'Stricta' aufstrebende Linien entlang breiter Wege. Weniger raumgreifend waren gekappte Linden, deren unverzweigter Stamm jährlich oder zweijährlich auf 1,80 m Höhe oder mehr geköpft wurde. Typisch für ihren Neuaustrieb ist übergroßes, Schatten spendendes Blattwerk in erreichbarer Höhe. In jüngerer Vergangenheit wuchsen breite, überhängende Bäume wie die Japanische Kirsche *Prunus serrulata* 'Longipes' (syn. *P.* 'Shimizu-zakura') zu breiten Gewölben mit Kopffreiheit heran, und kleinere Bäume wie den Goldregen *Laburnum* x *watereri* 'Vossii' zog man über Gestelle zu Tunneln.

In Doppelreihen angepflanzte Bäume schaffen im ausgedehnten Garten durch ihre Symmetrie dominierende Raumachsen. Um die Einheitlichkeit der Allee zu gewährleisten, müssen die Bäume identisch und folglich vegetativ – mit anderen Worten durch Stecklinge – vermehrt sein, da Sämlinge unterschiedlich rasch wachsen und in Farbe und Habitus voneinander abweichen können. Auch bei einem kleinen Grundstück muss man auf einen Baum nicht verzichten. Drei oder fünf schlanke Bäume, etwa die Hängebirke *Betula pendula* 'Tristis' (15 m), auf lediglich 1 m Abstand gesetzt, lassen einen richtigen kleinen Hain entstehen. Dem frei stehenden Baum kommt eine wichtige Rolle als zentraler Blickpunkt zu. Wenn er nicht eine Solistenrolle spielen soll, dient ein niedriger Strauch oder eine Steingruppe als Anbindung an den Boden. Der Baum braucht nicht genau in der Mitte des Gartenraumes zu stehen; ein wenig aus dem Zentrum gerückt wirkt er besser. Alternativ bietet sich eine dynamische Zweisamkeit diagonal über eine Hofanlage hinweg an. Ideale Bäume für sehr enge Verhältnisse sind die langsam wachsenden japanischen Ahornarten und die fünf Meter hohe Rosafrüchtige Eberesche *Sorbus vilmorinii*.

ganz oben *In kühlem Grau gestrichenes Holz bildet den erhöhten Rahmen, der die gekalkten Stämme der Zierapfelbäume Malus 'Adams' mit ihren gestutzten Schirmkronen ins Bild setzt; die formale Gartenanlage wird so hervorgehoben.*

oben *Die zwei aufgepfropften Weißen Maulbeerbäume in Trauerform (Morus alba 'Pendula') werden nicht viel höher als ihre gekalkten Stämme; durch Rückschnitt lässt sich ihre Form erhalten.*

DIE PFLANZEN: BÄUME

Die Hängebirke Betula pendula 'Tristis', ein schmaler überhängender Baum, dient in diesem zurückhaltenden kiesbedeckten Garten als Blickfang; sie mildert die Härte der schmucklosen hellen Wände.

Bäume sind unendlich wertvoll, da sie ein Gefühl der Dauer vermitteln und der dritten Dimension Geltung verschaffen – im wahrsten Sinne des Wortes schauen wir zu ihnen auf. Unsere Wahl treffen wir auf der Basis ihres jahreszeitlich wechselnden Erscheinungsbildes oder ihres auffälligen Blattwerks, doch allererste Priorität hat ihre Gestalt, da diese das neue formale Gartenbild gestaltend mitbestimmt.

Gestalt

Viele Bäume kommen mit ihrem natürlich gleichmäßigen Wuchs selbst strengster Geometrie entgegen. Sie können säulenförmig sein oder weit ausladend, ein Vorhang aus herabhängendem Geäst oder eine Kugelform. Senkrecht aufragende Formen durchstechen den Horizont; ein solches Einzelexemplar wirkt daher als Blickziel, wie die wunderbare 15 m hohe Kalifornische Flusszeder Calocedrus decurrens oder der riesige Säulenginkgo *G. biloba* 'Fastigiata'. Von der Pyramideneiche *Quercus robur* 'Fastigiata' darf nur langsames Wachstum erwartet werden, doch mit der Zeit bildet auch sie eine vornehme, bis zu 20 m hohe Säule. Die Rotbuche *Fagus sylvatica* 'Dawyck' wächst mit den Jahren zu einer schmalen Senkrechten von gleicher Höhe heran.

Für beengtere Verhältnisse gibt es für den Garten geeignete Bäume mit ähnlich aufrechtem Habitus – Zierkirsche (*Prunus* 'Amanogawa', 10 m), Zierapfel (*Malus* 'Van Eseltine', 6m) und Eberesche (*Sorbus aucuparia* 'Sheerwater Seedling', 4 m) sowie zwei hübsche Ahornsorten, *Acer* 'Scanlon' und den Zuckerahorn *A. saccharum* subsp. *nigrum* ''Temple's Upright'.

Hochstämme wie die Hängeform der silbrigen Weidenbirne (*Pyrus salicifolia* 'Pendula') sind, in Reih und Glied entlang eines Weges gepflanzt, ausgesprochen attraktiv. Die Steineiche *(Quercus ilex)*, ein düsterer immergrüner Baum, wird gern bei formaler Gestaltung gesetzt, da sich ihre dichte Kugelform mit wenig Aufwand erhalten lässt, doch bei Vernachlässigung wird aus ihr ein 25 m großer Baum. Andere rundkronige Bäume wie die sechs Meter hohe und breite Kugelakazie (*Robinia pseudoacacia* 'Umbraculifera') verlan-

links *In der Schlichtheit liegt in diesem leeren Gartenraum der Schlüssel zum Erfolg. Die einzelne, dunkellaubige Blutpflaume* Prunus cerasifera *'Pissardii Nigra' dient auf der weiten Kiesfläche als aus der Mitte gerückter Blickfang, während das Buchenspalier vor der weißen Grenzmauer einen Rapport bildet.*

unten links *In diesem von Stephen Woodhams entworfenen Garten sind Olivenbäume entlang einer Blickachse aufgereiht; gestutzte Buchsquadrate bedecken ihren Fuß.*

gen nach Duplikation; außer in einem kleinen Garten wirken sie als einzelner Baum einsam und verlassen. Meiden Sie windige Standorte, da ihre Äste leicht brechen. Viele Ilex-Arten haben eine gerundete Form und ebenso einige Hagedorn-Arten, wie der 5 m hohe Scharlach-Weißdorn *Crataegus pedicellata*.

Blüten und Beeren

Blühende Bäume beleben das formale Bild zusätzlich mit reizvollen Blüten und Früchten. Zu den beliebten Kirschen und Zieräpfeln haben sich inzwischen Ebereschen und Hagedornarten gesellt. Viele Ebereschen sind mit Blüten im Frühjahr und Beeren im Herbst doppelt attraktiv. Zu ihnen zählt die kleine Kashmir-Eberesche *Sorbus cashmiriana*; ihre rundliche 9 m hohe Gestalt schmücken gefiedertes Laub und weiße Blütendolden, denen weiße Beeren folgen. Die höhere Eberesche *S. hupehensis* ist von aufrechter Gestalt und trägt ebenfalls schwere weiße Beerendolden. Es gibt rote, orange und gelbe Vogelbeeren; die sehr kleine Rosafrüchtige Eberesche *S. vilmorinii* (5 m) ist nach der Farbe ihrer Frucht benannt und trägt exquisit ziseliertes Laub.

Der Hagedorn ist aus härterem Holz geschnitzt und weit unbeugsamer. Bis vor kurzem wurden seine Arten zugunsten von Kirsche und Zierapfel ziemlich ignoriert, doch eine robuste Sorte wie etwa der Rotdorn *Crataegus laevigata* 'Paul's Scarlet' (6 m) ist sehr frostverträglich und überlebt sogar in Lehmboden. Ich persönlich mag einen Weißdorn ganz besonders, der häufig als Straßenbaum gepflanzt wird: *C. persimilis* 'Prunifolia' (8 m) trägt eine dichte, runde Krone mit tiefroter Herbstfärbung und rot glühenden Beeren. Diese Bäume sind mit ihrem eher strengen Habitus ideal in Reihen- oder Blockpflanzung; ihnen fehlt die Anmut des Solitärs, wie sie der Ahorn besitzt.

Baumkronen

Licht ist ein so elementarer Teil des Gartens, dass man es bei der Baumwahl unbedingt bedenken muss, wenn auch die Silhouette des Baumes in vielen

Heitere Symmetrie

Die Wirkung dieser wundervollen symmetrischen Raumachse, die in dem von David Hicks entworfenen Garten in frostklarer Winterluft leuchtet, ist auf die Verwendung der Rosskastanien zurückzuführen. Die Baumreihen zu beiden Seiten erinnern an die langen Alleen der Vergangenheit, deren Achsen einen Tempel oder eine klassische Skulptur zum Blickziel hatten. Hier führt der breite Weg aus kurz geschnittenem Gras durch drei Szenerien, von der spiegelnden Oberfläche des stillen geradlinigen Wasserbeckens bis hinaus zu einer Lücke am Horizont.

Der Herbst mit seinem Wandel bringt den formal angelegten Gartenraum zum Glühen. Der Amberbaum Liquidambar styraciflua *hat wunderbar geformtes Laub, das sich prächtig verfärbt.*

formalen Gärten Priorität hat. Durch das dichte Laubdach des Hagedorns etwa dringt kein Licht. Auch die ausladende Krone des 10 m hohen und breiten Trompetenbaumes *Catalpa bignonioides* wirft mit ihren riesigen Blättern dunklen Schatten. Große gefiederte Blätter wie die des Japanischen Angelikabaums *Aralia elata*, der die gleiche Größe erreicht, lassen ebenfalls kein Licht hindurch, doch ist dies ein hübscher Baum mit formprägnanter Gestalt und großen sahneweißen Blütenrispen; es gibt zudem eine attraktive panaschierte Form. Ein dichtes Blätterdach ist für die immergrüne Japanische Wollmispel *(Eriobotrya japonica)* charakteristisch; der frostempfindliche Baum gedeiht am besten an einem warmen, geschützten Standort. Auch er strebt in die Breite, kann jedoch als Strauch gezogen oder zu einem gepflegten 8 m hohen Baum gestutzt werden.

Licht, das durch ein offenes Blätterdach dringt, bringt Bewegung in das statische formale Bild. Silberbirken, Ebereschen und Robinien, wie *R. pseudoacacia* 'Lace Lady' und die goldene *R. pseudoacacia* 'Frisia' (beide 15 m),

DIE PFLANZEN: BÄUME

lassen Sonnenflecken über den Boden tanzen. An geschützter Stelle gedeihen Silberakazie (Acacia dealbata, 10 m) und Sorten des Japanischen Ahorns (Acer japonicum) als elegante Bäume mit lichter Krone und wohlgestalteter Form.

Mehrstämmige Bäume Den Stamm eines jungen, frei stehenden Baumes kann man bis zum Boden zurückschneiden, um in einem formalen Plan einen passenden Blickfang zu schaffen. Er reagiert darauf mit Seitentrieben, die sich zu mehreren, meist drei, Stämmen entwickeln. Pflanzte man stattdessen drei junge Bäumchen zusammen, so entstünde eine Konkurrenzsituation um die Nährstoffe, aus der zumeist ein hoch wachsender Gewinner und ein kümmernder Verlierer hervorgehen. Mit einem mehrstämmigen Baum vermeidet man dieses Problem, da seine Stämme gewöhnlich gleich stark sind. Ein solches Exemplar ist ausgesprochen charaktervoll und als Solitär sehr für den minimalistischen Garten gefragt. Weißrindige Birken, vor allem die leuchtend weiße Himalaya-Birke Betula utilis var. jacquemontii (12 m), sind besonders wirkungsvoll, doch andere kleine Bäume, wie Eschenahorn (Acer negundo), Schnee-Eukalyptus (Eucalyptus pauciflora subsp. niphophila), Kanadische Felsenbirne (Amelanchier lamarckii) und Katsurabaum (Cercidiphyllum japonicum) wirken genauso attraktiv.

Zur Wahl stehen im Container gezogene und wurzelnackte Bäume für die Herbstpflanzung – beide gibt es in unterschiedlichen Größen. Containerware ist aufgrund des höheren Pflegeaufwands teurer; obwohl sie anfangs einen besser entwickelten Eindruck macht, deuten Versuche darauf hin, dass sich die Resultate nach fünf Jahren nicht mehr unterscheiden. Die gängigen Größen reichen von einem Stammumfang von 10-15 cm bis hin zu großen, halb ausgewachsenen Bäumen mit 50 cm Umfang; sie werden mit Drahtseilen verspannt, über die zum Schutz der Rinde ein Schlauchstück gezogen wird. Alternativ können Sie selbst ein solches Exemplar aus einem wurzelnackten Stämmchen ziehen, doch kann es Wind, Frost oder Trockenheit zum Opfer fallen.

Vier schlanke Hängebirken (Betula pendula 'Laciniata') unterstreichen im Quadrat die Geometrie der minimalistischen gepflasterten Gartenanlage. Birken können nah beisammen stehen; mit der Zeit nehmen die Stämme an Umfang zu und die Rinde hellt sich auf – bemerkenswert vor dem kräftigen Hintergrund der Zwischenwand.

Die Elemente: Die Pflanzen

Stauden und Sommerblumen

Bei so viel Geradlinigkeit benötigt der moderne formale Garten ein wenig Glanz, besonders im Sommer. Vornehm minimalistische Gärten profitieren bereits von einer einzigen Pflanze, die sich verändert oder im Wind bewegt. Stauden entsprechen diesem Bedürfnis, und die besten Perennen können ein formales Layout mildern und ihm eine zeitgemäße Atmosphäre verleihen. Auch mit Zwiebelblumen und schnell wachsenden Einjährigen lassen sich Veränderungen in einem formalen Rahmen bewirken. (Stauden und Einjährige mit großer Wirkung und wenig Aufwand sowie der Einsatz von Pflanzbehältern im modernen formalen Garten werden eingehend in Teil 2 ab S. 148 diskutiert.)

Mehrjährige Stauden

Stauden genießen momentan neue Popularität. Diese Pflanzen sind relativ langlebig und kehren alljährlich wieder, sind aber nicht so dauerhaft und starr wie gestutzte oder natürlich gewachsene Sträucher. Allgemein betrachtet sind die Stauden für den modernen formalen Kontext nicht identisch mit den Blumen der traditionellen Staudenrabatte; zu ihnen gehören Arten, die ihrer ungewöhnlich dunklen Blatt- oder Blütenfarbe wegen gezogen werden, wie rauchige Purpurglöckchen-Sorten *(Heuchera)* oder *Knautia macedonica*. Wie sie eingesetzt werden, hängt von der Stimmung des Gartens und von seiner Größe ab; Wuchsform, Größe, Textur und Farbe werden dementsprechend ausgewählt. Pflanzen von dramatisch architektonischer Gestalt sind bereits erwähnt worden (vgl. S. 70).

Blattform Wohlgeordnet wirken dauerhafte Stauden mit klar umrissenem Blattwerk und Blüten. Die silbrig schimmernde immergrüne *Astelia nervosa* hat spitz zulaufende, elegant gebogene Blätter; diese Pflanze kann ihre silbrigen Blätter bei 60 cm Wuchshöhe eineinhalb Meter weit ausbreiten. Sie benötigt einen warmen Standort, sollte jedoch weder vollsonnig stehen noch ganz austrocknen. Die Binsenlilie *Sisyrinchium striatum* breitet ihre schmucken Blätter zu flachen aufrechten Fächern aus, die im Frühsommer durch 60 cm hohe cremefarbene Blütenähren akzentuiert werden; ihre zweifarbige Variante ist besonders kompakt. Ähnlich, jedoch etwas größer ist die Dalmatinische Iris *I. pallida* 'Argentea Variegata', die im späten

links außen *Inmitten einer Blockpflanzung aus weichem Federgras* Stipa tenuissima *ragt eine Metallskulptur aus schimmerndem blauem Glasmulch empor.*

links *Pflanztröge mit straff aufrechtem Reitgras* Calamagrostis x acutiflora 'Stricta' *betonen die Vertikale des Metallgitters, das den Dachgarten umschließt. Als Blickfang dient eine mehrstämmige Birke.*

Im modernen formalen Garten spielt die gemischte Staudenrabatte noch immer eine Rolle. In dieser Doppelrabatte, die Arabella Lennox-Boyd in sanften Farbtönen entwarf, vereinen reichhaltige Texturen und aussagekräftige Formen eine exquisite Mischung der Kupfer- und Sahnefarben der Königskerzen, des kühlen Gelbs der Schafgarben und der violetten Zierlauchtupfen mit dem roten Laub der Purpurglöckchen und den bläulichen Blattschwertern der Iris zu ihren Füßen. Die leuchtende Harmonie der Farben wird durch weiße Nachtviolen und zarte strohblonde Grasrispen verfestigt, die sich durch die Rabatte ziehen.

Frühjahr fliederfarben blüht. Alle Iris-Arten haben interessantes Blattwerk, doch es kommt darauf an, die rechte Pflanze an den rechten Platz zu setzen – manche Arten lassen ihre Rhizome gern von der Sonne dörren, während andere lichten Schatten bevorzugen.

Einen ganz anderen Blatt-Typus stellen die nebelhaften Konturen des gefiederten Laubs von Fenchel und Glänzender Wiesenraute *(Thalictrum lucidum)* dar, deren cremefarbene Blüten im Sommer 120 cm hoch stehen. Die Blattwedel von Farnen und Astilben umgeben höhere kahlfüßige Sträucher mit einem adretten grünen Spitzenunterrock.

Weich gezeichneter Beton

Den rötlich-orange getünchten Innenhof nach Beebe Yodells Entwurf charakterisiert eine natürlich wirkende lockere Bepflanzung in formaler Umgebung. Es findet sich ein einziger mehrstämmiger Olivenbaum und in den Pflasterspalten ausgesamter einjähriger Goldmohn *(Eschscholzia californica)*; klar gezeichnete Echeveria-Rosetten quellen aus Terrakotta-Töpfen. Die wenigen verwendeten Pflanzen tolerieren Trockenheit; die meisten entstammen wasserarmen Standorten.

DIE PFLANZEN: STAUDEN UND SOMMERBLUMEN

Farbe Der formale Garten ist weder der Ort für einen unkontrollierten „Aufruhr" von Farben noch für kunterbunte Sommerpracht. Er ist hauptsächlich grün; Farbe wird als ansprechender Hintergrund in Harmonie oder als Kontrast zu den harten Materialien oder als wirkungsvoller Blickfang eingesetzt. Wird die Farbgebung auf eine monochrome oder pastellige Palette begrenzt, verleiht sie dem Konzept Subtilität; leuchtende, intensive Primärfarben dagegen setzen den Garten unter Spannung. Der weiß-grüne Garten ist edel und in seiner Zurückhaltung ausgesprochen formal. Hier findet auch silbriges Laub seinen Platz neben weißen Blüten, wie den anmutig uniformen Blütenähren der hohen *Veronicastrum virginicum album* oder weißen Madonnenlilien *(Lilium candicans)*. Leuchtendes Grau wie das der Edelrauten ist ebenfalls wichtig; es passt besonders gut zu Kiesflächen, denen es mediterranes Flair verleiht. Dieses Farbschema ist ideal zu weiß verputzten Wänden, zu Schieferböden und in Kombination mit Stahl und geweißtem Holz.

Das rauchige Blau der eleganten Pfirsichblättrigen Glockenblume *Campanula persicifolia* (100 cm), das dunkle Indigo des Eisenhutes *Aconitum* 'Spark's Variety' (150 cm) und das Tintenblau von *Salvia* x *sylvestris* 'Mainacht' (45cm) sind kühle Farbtöne, die zu Metall und Schiefer gut aussehen; diese Pflanzen blühen im Sommer. Kombinieren Sie dazu stahlblaue Edeldisteln *(Eryngium)* in verzinkten Behältern. Einen fantastischen Hintergrund dazu bilden verputzte Wände in Gelb oder Eisenrot oder aber – noch

wagemutiger – eine Wand in Ultramarin; ein Bodenbelag aus Terrakotta-Kacheln ist ebenfalls wirkungsvoll.

Pflaumenblau und leuchtendes Magentarot sorgen für Tiefe; sie setzen sich nachhaltig gegen cremeweiße Mauern und blaugrünen Schiefer ab. Solche Farben tragen *Iris* 'Black Swan' (80 cm), die Mitte des Sommers blüht, Rittersporn *Delphinium* 'Black Knight' (über 100 cm), der Storchschnabel *Geranium psilostemon* (75 cm) und die frostempfindliche, kastanienrote Schwarze Kosmee *Cosmos atrosanguineus* (60 cm), ein Spätsommerblüher. Ihre Kontrastwirkung lässt sich durch schwarze Bodenkacheln, blau-rosa Granitpflaster und dunkles Holz noch intensivieren.

Eindringliche Farben sind auch die warmen Erdtöne der spätsommerlichen Sonnenbraut *Helenium* 'Coppelia' (120cm), der Taglilie *Hemerocallis* 'Morocco Red' und der Schafgarbe *Achillea millefolium* 'Paprika' (beide 60 cm), die beide Mitte des Sommers blühen. Kombinieren Sie hierzu Purpurglöckchen *(Heuchera)* mit bronzefarbenem Laub; so ergänzen sie Ziegel- und Terrakottaböden und Wandbewurf in Erdfarben. Gegen Ende der Blühsaison bereichern Dahlien alle genannten Farbkombinationen.

Textur Textur ist neuerdings zu einem wichtigen Thema avanciert. Wo das Design formal ist und sämtliche Oberflächen geometrisch exakt sind, ist es der Stil der Bepflanzung, der solche Strenge mildert. Aufgrund ihrer opti-

In diesem vortrefflichen Design von Christopher Bradley-Hole laufen auf ganzer Länge Hochbeete parallel zum Weg; die Symmetrie der Bepflanzung bewahrt den formalen Charakter. Knorrige Stämme alter Weinstöcke heben sich zu beiden Seiten des Wasserfalls vor den weißen Mauern ab; die Bepflanzung der kiesbedeckten Beete besteht unter anderem aus entschieden vertikalen Schwertlilien, Zierlauch und Nectaroscordum siculum, *gemischt mit texturstarken Kräutern wie Fenchel und Rosmarin.*

DIE ELEMENTE: DIE PFLANZEN

schen Beschaffenheit sind daher diffuse Pflanzen mit winzigen Blüten, wie Schleierkraut *(Gypsophila)* und das hauchfeine Laub des Fenchels *(Foeniculum vulgare)* gefragt; sie wirken wie ein Überwurf aus zartem, hauchdünnen Organza. Der Lichteinfall ist für die Wirkung entscheidend: Mit dem Stand der Sonne verändert sich das Wesen dieser Pflanzen. Von vorn beleuchtet, sind sie recht deutlich, doch mit Hinterleuchtung werden sie zu einer durchscheinenden Silhouette, hinter der andere Pflanzen und Besonderheiten sichtbar werden. Textur kann außerdem taktile Qualitäten haben, wie die pelzigen Blattteppiche des Wollziest *(Stachys byzantina)*. Solche unwiderstehlichen Streichelpflanzen mildern den Eindruck auch des kältesten Entwurfs.

Ziergräser zeichnen sich durch wunderbare Texturen aus; sie haben darüber hinaus eine lang anhaltende Saison, und viele können den ganzen Winter hindurch stehen bleiben und werden dann von Raureif gepudert. Mehr als alle anderen Gartenpflanzen machen sie mit wechselndem Lichteinfall Verwandlungen durch; sie sprechen den Gesichts-, Gehör- und Tastsinn an und sind ideale Objekte für die zurückhaltende Perfektion des modernen Gartens. Ihre Blüten können an Myriaden winzigster Hälmchen schweben, wie die der 70 cm hohen immergrünen Rasenschmiele *Deschampsia caespitosa* 'Goldtau', die früh im Sommer blüht. Andere sind von kräftigerer Struktur, wie die der rundlichen Lampenputzergräser *(Pennisetum)* – allen voran das liebliche *P. orientale* mit einer Höhe und Breite von 45 cm, dessen spätsommerliche Blütenstände buschigen Fuchsschwänzen gleichen. Andere Gräser tragen einen seidigen, windverwehten Haarschopf, so das 60 cm hohe sommerblühende Federgras *Stipa tenuissima*. Wieder andere stehen steif aufrecht, wie *Calamagrostis x acutiflora* 'Stricta', welches mit schwebenden mittsommerlichen Blüten für zarten und doch unbeugsamen Kontrast auf 150 cm hoch aufragenden Halmen sorgt.

Im modernen formalen Kontext haben sich Ziergräser als hinreißende Animatoren einer im Übrigen statischen Szenerie erwiesen. Während formgeschnittene immergrüne Präzision von willkommener Klarheit gekennzeichnet ist, beeinflusst die Textur von Gräsern in Reihen- oder Blockpflanzung das Konzept derart, dass sich das Bild zum Ende des Sommers in ständiger Bewegung befindet – die Grashalme erwidern den leisesten Windhauch, während darüber zarte Blütenschleier schweben und jeden Lichtstrahl reflektieren. (Weitere Ideen für Textur im formalen Garten auf S. 135).

Vergängliche Wirkung

Alle Gärten machen die Vergänglichkeit der Zeit deutlich; dies gilt für die neuen Stilrichtungen nicht weniger. Ist der formale Rahmen gesetzt, ändert sich die Stimmung nach den Jahreszeiten, von der Frühlingsfrische der Zwiebelblüher über die farbenfrohen Blüten des Hochsommers. Der Herbst bringt zum Abschluss noch einmal die Wärme des Herbstlaubs und der Früchte. Im Laufe des Jahres zeigt der Garten also ganz unterschiedliche Charakterzüge, was ihn als Kunstform einzigartig macht.

Tulpen sind Zwiebelblumen, die von Natur aus die Geometrie des modernen Bühnenbildes ergänzen. Ihre edlen Farbtöne sind im Frühjahr ein prächtiger Anblick, und in Reih und Glied stehen sie herrlich formal da. Auch in kleinen Gruppen, an ausgewählten Stellen sparsam eingesetzt, ist ihre Wirkung groß.

Für den Sommer gibt es nichts Wirksameres als Lilien. Es gibt viele Arten und Sorten (vgl. S. 151), von denen die meisten vollsonnig und gut dräniert stehen möchten; es schadet nicht, die Zwiebeln auf eine Unterlage aus scharfem Sand zu setzen. Auch Zierlauch fügt dem Sommer formalen Charakter hinzu, besonders die hohen Kugelformen wie der riesige *Allium giganteum*. Später im Sommer bringt die Schmucklilie *(Agapanthus)* hohe

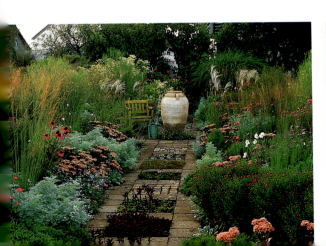

Streng geometrische Buchsbaumeinfassungen bringen Ordnung in diesen Garten voll überschäumender gemischter Stauden und blühender Sträucher.

links außen *Symmetrische Bepflanzung verleiht den Rabatten eine sanfte Strenge; Gräser und Edelraute bilden das Gegengewicht zu blühenden Stauden wie Eisenkraut* (Verbena), *Rotem Sonnenhut* (Echinacea), *Fetthenne* (Sedum) *und Astern. Den Weg durch die Mitte ziert Dachwurz.*

links *In einem pflanzlichen „Einakter" inszeniert die verputzte Wand mit nachtblauem und cölinblauem Anstrich das Tiefblau der Schmucklilienart* Agapanthus inapertus.

blaue oder weiße Blütenstände aus ihrem grünen, riemenförmigen Laub hervor. Sie alle haben die würdevoll aufrechte Haltung, die dem formalen Garten angemessen ist. Setzen Sie die Zwiebeln tief genug – im Allgemeinen zweieinhalbmal so tief, wie die Zwiebel hoch ist. Wenn Sie große, teure Zwiebeln wie Lilien pflanzen, pudern Sie sie gegen Pilzbefall und gegen Mäuse. Überprüfen Sie die Bodendurchlässigkeit und pflanzen Sie gegebenenfalls auf scharfen Sand.

Manche Einjährige mit hohem Blütenstand sind durch dieselbe steife Würde gekennzeichnet wie die eben genannten Zwiebelpflanzen. Der Rhythmus hoch aufragender Formen ergänzt das durchgeplante Konzept; wählen Sie daher hohe, schlanke Blütenstände wie die des Fingerhutes *(Digitalis)* oder der Muschelblume *Moluccella laevis*. Farbe kann Leben in einen formalen Plan bringen – manche Sommerblumen, wie Löwenmäulchen oder Dahlien, schaffen dies im Handumdrehen.

Teil 2 Die Interpretation

Der moderne formale Garten fußt wie auch sein Vorgänger auf einem konsequent durchgeplanten Konzept nach dem Prinzip der geraden Linie. In der Vergangenheit war Geradlinigkeit eine Sache der Praktikabilität und des Schmucks; sie sorgte für eine saubere Einteilung, indem sie etwa die Küchen- von den Heilkräutern trennte oder die Terrasse von der Rasenfläche. Wegverbindungen spielten schon immer eine große Rolle, und Linien lenkten das Auge auf Blickziele; Grundrisse waren vorwiegend geometrisch ausgelegt, denn rechte Winkel bringen Harmonie. Der moderne Garten hingegen verwendet die Linie nicht allein als Grundlage der Flächeneinteilung, sondern um alle drei Dimensionen des Gartenraums zu erkunden. Der ganze Garten, ob groß oder klein, wird von Linien unterteilt, gerahmt und sogar durchstochen; sie bilden das Grundgerüst des Gartenkonzepts. Anfangs treten diese Linien sehr stark hervor, sowohl in den Bauten als auch in der Bepflanzung, doch wenn der Garten heranreift, werden sie von den Pflanzen teilweise überdeckt, und das formale Layout wird zum subtilen, beinahe unmerklich und doch grundlegend ordnenden Element des Gartens.

Der Architekt Ron Herman ließ sich von einem Schachbrettmuster aus Moos und Stein, das er in einem Zen-Tempel in Kioto entdeckt hatte, zu diesem elegant angelegten Garten inspirieren. Das mit Bronze abgesetzte Rastermuster legt zunächst die Terrasse auf der obersten Ebene fest, um dann Schritt für Schritt die Würfelstufen herabzusteigen. Glatte Flusskiesel kontrastieren mit leuchtend grünem Bubikopf (Soleirolia soleirolii). *Ganz unten bedeckt immergrüner, die schattige Niederung liebender Schlangenbart* (Ophiopogon japonicus 'Minor') *den Boden. Schlankes Bambusrohr ragt aus dem dichten Teppich empor; seine Schattenrisse vor der weißen Mauer sind eine weitere Anspielung auf Japan.*

Das traditionelle formale Konzept basierte auf den klassischen Grundsätzen von Maßstab und Proportion; häufig beinhaltete es Raumachsen und perfekte Symmetrie. Viele nach europäischer Tradition angelegte Gärten waren groß und beeindruckend, mit langen Blickachsen, wie in Versailles oder bei Caserta in der Nähe von Neapel. Andere waren kleine, abgeschlossene, wohl geordnete Kräuter- und Blumensammlungen. Unabhängig von ihrer Größe waren die dekorativen Entwürfe meist zweidimensional und sollten von oben betrachtet werden.

In jüngerer Vergangenheit dienten die streng formalen Traditionen der Mogul-Gärten als Inspiration für Sir Edwin Lutyens' riesigen Garten des Vizekönigs, den er in der ersten Hälfte des 20. Jahrhunderts in Neu-Delhi anlegte. Das auf zeremonieller Symmetrie basierende Design besteht aus sich überschneidenden Rastern aus Wasserrinnen und Heerscharen geformter Bäume. Roter Sandstein fasst manikürte Rasenflächen und rechteckige Beete ein und unterstreicht die eindringliche Geometrie.

Der moderne „dreidimensionale" Garten begann sich Mitte des 20. Jahrhunderts herauszubilden, da signifikante Neuerungen auf dem Gebiet der bildenden Künste bis in die Bereiche von Skulptur und Architektur vorgedrungen waren und schließlich auch auf das Gartendesign Einfluss nahmen. Neue Baumaterialien wie Beton waren ein weiterer Faktor. Doch unabhängig von den verwendeten Materialien wird der heutige formale Garten vor allem als Wohnraum im Freien betrachtet, der seine eigene Funktion im Tagesablauf hat und den persönlichen Stil seines Besitzers widerspiegelt.

Die moderne Klassik nutzt die Linienführung, um den Privatraum architektonisch zu umreißen und zu definieren – der Garten erhält Wände, Boden und Decke. Der Besucher wird aufgefordert, diesen „Raum" zu betreten, ihn pflegend zu nutzen und vom Haus aus nicht sichtbare Details zu entdecken. Linien wirken auf sämtlichen Ebenen definierend – auf Bodenniveau, durch Stufen und Wände und durch Pergolen. Alle Bereiche werden durch das geradlinige Konzept zugänglich; es lädt zur Erkundung ein und verschiebt den Schwerpunkt von Bewunderung und Ausschmückung in Richtung auf Engagement und Schlichtheit.

Maßstab

Die Gartenpalette reicht heute vom bescheidenen Balkon oder winzigen Innenhof bis hin zu hektargroßen Flächen inmitten der Natur. Doch da kein Garten ein natürlicher Ort ist, kann formal begründetes Design für einen großen Landgarten genauso relevant sein wie für einen kleinen, abgeschlossenen Bereich. Die moderne Klassik verlangt nach mutiger Planung und Einbeziehung der Landschaft, ohne die Geometrie der Hausarchitektur außer Acht zu lassen. Die große Ausdehnung macht eine subtile Ordnung notwendig, etwa eine breite, durch Formhecken oder parallele Pergolen explizit gesäumte Schneise zu einem fernen Blickziel hin. Weniger maßgebliche Geraden kreuzen diesen Hauptweg; sie zerteilen das Areal in kleinere Einheiten und führen zu Gartenräumen auf beiden Seiten.

Ein an die Bebauung angrenzender formal geordneter Bereich, etwa eine Terrasse, betont die Architektur und bietet einen geschützten, harmo-

Linie und Layout

Zwei lang gestreckte, schmale Wasserrinnen beiderseits eines grasgedeckten Laubenganges legen diesen Garten auf ein lineares Design fest. Parallele Reihen verflochtener Linden unterstreichen die Symmetrie und führen in die tiefsten Tiefen des Gartens.

nisch proportionierten Aufenthaltsort. Die moderne Interpretation verlangt nach einer offenen Fläche, die ohne trennende Balustrade in enger Verbindung zum Garten steht. Die gesamte Bepflanzung sollte Bezug nehmen auf die Geometrie des Hauses; sie sollte untadelig und wohlgeformt sein (vgl. die Hinweise zu formbaren Gehölzen auf S. 64) und erst mit Annäherung an den ländlichen Bereich zwangloser werden.

Doch weitläufige Anlagen sind heute eher selten; modernes Gartendesign konzentriert sich vorwiegend auf das untere Ende der Größenskala. Während des 20. Jahrhunderts ist der Garten zum Allgemeingut geworden, das Privatgrundstück wird inzwischen als selbstverständlicher Teil des Hauses betrachtet. Der Architekt Le Corbusier stattete seine Betonbauten der 30er-Jahre mit offenen Innenhöfen und Dachterrassen aus, deren Linienführung in Bezug zum Haus stand und deren Proportion den Innenräumen entsprach. Er betonte ausdrücklich die Schlichtheit solcher funktionsgebundener Flächen: Ein Bereich für Menschen und Möbel sei einzuplanen, der Raum für Pflanzen lasse, nicht jedoch für überflüssige Dekoration. Der kleinere Garten machte den überschaubaren Erholungsbereich möglich, in dem die Menschen sich an Pflanzen erfreuen und Mahlzeiten in Abgeschiedenheit genießen konnten.

Unabhängig von der Größe der Anlage sollte ein formales Konzept, das im vernünftigen Maßstab zu Baulichkeiten und Menschen steht, wirksam durch seine Bepflanzung ergänzt werden. In einem geräumigen Garten findet ein ausladender großlaubiger Trompetenbaum (*C. bignonioides*), der Maße von 9 x 6 Metern erreicht, Platz, oder der wunderschöne 7 Meter hoch werdende Chinesische Blumenhartriegel *Cornus kousa* var. *chinensis*. Ein kleines Grundstück sollte andererseits nicht im Liliputformat bepflanzt werden – solche Kleinkrämerei ist unangenehm, und der Maßstab eines Gartens sollte nicht seine Grundfläche, sondern der Mensch sein.

Der knapp bemessene Stadtgarten von heute ist meist recht introvertiert, und doch will man sich darin bewegen und aufhalten können, ohne sich eingeengt zu fühlen. Umfriedungen können hinter immergrünen Wandschirmen aus Feuerdorn (*Pyracantha*), Säckelblume (*Ceanothus*) oder Andenstrauch (*Escallonia*) „verschwinden" und so den Raum größer wirken lassen. Die tatsächliche Größe lässt sich durch geschickt manipulierte Perspektiven, die eine größere Tiefe suggerieren, verfremden. Spiegel können über die tatsächlichen Verhältnisse hinwegtäuschen, indem sie Linien, Elemente und ganze Gartenbereiche reflektieren und eine formale Symmetrie entstehen lassen. Der Spiegelrahmen muss hinter Grün verborgen oder in einen „Bogendurchgang" eingelassen sein, damit die Illusion zum Tragen kommt. Dieserart wird der Garten durch vorgetäuschte „Öffnungen" optisch vergrößert.

Auch Pflanzen können das Auge täuschen. Selbst in einem kleinen Garten entfaltet der überdimensionierte Riesenfenchel (*Ferula communis*) dramatische Wirkung; die Staude, die einen durchlässigen vollsonnigen Standort benötigt, lässt ihre gelben Blütendolden auf einem einzigen Stiel bis zu 2,50 m hoch aufragen. Pflanzbehälter dürfen übergroß sein – in einiger Entfernung vom Haus aufgestellt ziehen sie alle Blicke auf sich. Erwägen Sie einen riesigen „Ali Baba"-Krug als auffälligen skulpturalen Blickfang; angesichts seines Preises sollte er unbedingt frostfest sein. Bei wirklich beengten Verhältnissen können bis 40 cm hohe Pflanztröge fest in den geometrischen Grundriss eingefügt werden, wodurch der Garten so effizient wird wie die Einbauküche.

Linienführung

In jedem Garten wird – ob beabsichtigt oder nicht – die grundlegende Ordnung durch Linien bestimmt. Sie unterteilen, dienen als Richtschnur, schaffen Einheiten, legen Ebenen fest, lenken das Auge und setzen Ziele. Sie haben gewaltigen Einfluss auf den Charakter des Gartens, je nachdem, ob sie kräftig, subtil oder fließend sind. Die deutliche Linienführung im modernen Garten übernimmt eine Doppelrolle: Sie erfüllt eine praktische Notwendigkeit und ist wesentlich die Wirkung des Gartens als Kunstwerk.

Formale Gestaltung beinhaltet gewöhnlich die Linienführung im rechten Winkel oder in der Parallelen; der ganze Garten hält sich an diese Vorgabe, Pflaster wie Pflanzen. Dieses bedeutet aber nicht mehr notwendig Symmetrie. Einst hätte eine Mittelachse mit einem bis zum Endpunkt sichtbaren Weg oder einer Allee den Garten zweigeteilt. Solch wuchtige Symmetrie wiegt im modernen Garten zu schwer, und so finden sich verbindende oder trennende Linien in der funktionalen Gestalt von Wegen, Mauern, Stufen, Hecken und Kanten. Unübersehbar wie sie sind, dienen sie außerdem dem Auge als Leitfaden, der die Ästhetik des Designs betont.

Ein vernünftiges Konzept, das Haus und Garten miteinander verbindet, ergibt sich durch die Übernahme der Linienführung des Hauses. Die Inneneinteilung sowie Türen, Veranden, Fenster und Balkone geben die entsprechenden Proportionen vor. Mauern, Zäune, Sichtschutz, Pflasterung, Beete und Hecken bilden Grundlinien mit engem Bezug zum Grundstück. Die Linien von Holz- oder Stahlbalken und berankten Pergolen festigen die Verbindung in der Höhe. Eine Linie kann durchgehend sein, wie eine Stützmauer in einem auf zwei Ebenen angelegten Garten, oder über wuchernde Pflanzen oder einen leeren Raum hinweg eine optische Einheit bilden.

Überdeutlich zeichnet sich in diesem winterlichen Garten das Raster aus Holzsockeln ab, die in der betont geometrischen Anlage die geschnittenen Zierapfelbäume (Malus 'Adams') rahmen. Zylindrische Pflanzgefäße fügen eine rhythmische Vertikale hinzu.

Die Interpretation: Linie und Layout

Die Linienführung kann auch der Problemlösung dienen. Zum Beispiel haben Gärten selten exakt parallele Seiten; manche Grundstücke sind relativ schmale Streifen, dreieckig oder gar abgeknickt. Solche „Mängel" lassen sich durch einen formalen Grundriss beheben, dessen Design die Grenzlinien ignoriert und sich statt dessen in seiner Geometrie am Haus orientiert, während schwierige „Reststücke" hinter Immergrünen verborgen bleiben.

Wege Wege sind die Hauptachsen eines Gartens, doch ein Weg, der lediglich zwei Punkte miteinander verbindet, kann alle Schönheit untergraben. Im modernen Garten wird der Weg zur Aufforderung, er verführt zum Erforschen und unerwarteten Entdecken. Auch ein kleiner Garten gewinnt, wenn nicht alles auf den ersten Blick sichtbar ist. Ein wenig Zauber tut Not, etwa ein Weg, der unvermittelt hinter eine Hecke oder einen Zaun biegt und uns lockt zu erkunden, was dort verborgen liegen mag.

Hauptwege sind meist etwa einen Meter breit, doch ich habe sie lieber etwas breiter, 1,20 m oder mehr, um zu zweit nebeneinander her gehen zu können. Mir gefällt auch die Klarheit dieser Breite, besonders im Anschluss an eine Rasenfläche. Blattwerk darf ungehindert die lange Kante eines breiten Weges überspielen und so die formale Strenge mildern. Das andere Extrem sind äußerst schmale, zwischen hohe Hecken eingezwängte Wege, die einen eng umschließen und am Ende eine dramatische Eröffnung erwarten lassen.

Die Linienführung eines Weges kann sich direkt auf das Vorwärtskommen auswirken. In allen Gärten sind manche Teile interessanter als andere, und so verweilen wir, um Schönheit in Gestalt einer Pflanze oder eines Ausblicks zu bewundern, oder schreiten voran, wo uns wenig interessiert. Gerundete Linien haben großen Einfluss auf unser Tempo; als Kreisausschnitt harmonieren sie mit dem modernen formalen Garten. Je kleiner der Kreis, desto enger die Biegung, was uns den Schritt zu interessanten Bereichen hin beschleunigen lässt; weit geschwungene Kurven verzögern die Reise und stimmen besinnlich.

Ist der Grundriss festgelegt, so lässt sich die Linienführung durch Pflanzen unterstreichen, etwa indem man durch parallele Formhecken einen Hauptweg oder eine Blickachse hervorhebt (vgl. Teil 1, S. 64). Auf engerem Raum ist eine Miniaturhecke ebenso wirkungsvoll: Parallele Reihen aus Lavendel oder Heiligenkraut *(Santolina)* betonen den formalen Plan sowie den Wegverlauf und trennen die Flora vom Pflaster. Eine zusätzliche Akzentuierung bringen Reihen von Lorbeerbäumen mit Kugelschnitt oder Fuchsien-Hochstämme in gleichmäßigem Abstand. In Reih und Glied stehende, auf Stamm gepfropfte Zwergmispeln *(Cotoneaster salicifolius* 'Pendulus') haben elegant herabhängende, von Blüten oder roten Beeren schwere,

ganz oben *Die abgeflachte Buchsbaumeinfassung umrahmt einen keilförmigen Pool; sie überrascht durch die diagonale Linienführung, die beinahe zur Spitze zusammenläuft.*

darunter *Der von Charles Jencks entworfene „Physikalische Garten" ist eine einzigartige Interpretation des Gemüsegartens, der sämtliche Sinne erforscht. Bestimmte Konzepte tauchen immer wieder auf, beispielsweise Fraktale als Gestaltungselement, das die Linearität der Bepflanzung ausmacht, während die Spiralskulpturen die Doppelhelix der DNA-Struktur umsetzen.*

Eine diagonale Bepflanzung

45cm niedrige parallele Buchshecken sind Grundlage der Dynamik dieses kleinen Gartenraumes. Die diagonale Bepflanzung optimiert den zur Verfügung stehenden Raum; eine höhere Buchshecke (1,50 cm) schirmt das Gerätehäuschen im rückwärtigen Teil ab. Quadratische Betonplatten sind im 45°-Winkel zum Haus verlegt, um die Linienführung zu stützen und einen geräumigeren Eindruck zu vermitteln. Ein einziges Exemplar der Scheinakazie *Robinia pseudoacacia* 'Bessoniana' dient in einem immergrünen Beet von Waldsteinia ternata als Blickfang, während im Frühjahr beim Haus die kleine Japanische Aprikose *Prunus mume* 'Omoi-no-mama' in einem Beet von Hirschzungenfarn *Asplenium scolopendrium* 'Undulatum' entzückt. Eine Wandbegrünung mit Zierquitte *Chaenomeles speciosa* 'Nivalis', *Garrya elliptica* 'James Roof', *Clematis armandii* 'Snowdrift' und, nach Süden hin, Rosmarinweide *Itea ilicifolia* ziert die verputzten Mauern. In der Nordecke füllt geschnittene Delavays Duftblüte *Osmanthus delavayi* Dreiecksflächen mit formaler Struktur und Frühlingsduft. In lang gestreckten Beeten sorgen mehrjährige Stauden für immer neue Effekte, und drei „Kästen" sind mit Frühlingszwiebeln und Lilien für den Sommer bepflanzt.

Die Interpretation: Linie und Layout

In diesem Teil des auf Seite 93 im Winter gezeigten Gartens wird ein Niveauunterschied durch schlichte Geometrie in einen Design-Vorteil verwandelt. Mit Granitpflaster abgesetzte Stufen gehen in quadratische Beete über; die Stämme der geschnittenen Zieräpfel Malus 'Adams' sind weiß gekalkt.

halb immergrüne Zweige; sie können schließlich 3 Meter hoch werden. In Reihe gepflanzte, weit ausladende Zierkirschen *Prunus* 'Shogetsu' wachsen zu einem breit gewölbten Kreuzgang heran, den im Frühjahr weiße Blütensträuße und im Herbst leuchtendes Laub schmücken. Bei einer Höhe von weniger als 5 Metern erreicht dieser Baum eine Breite von 9 Metern. Eine Holzpergola ist eine weitere Möglichkeit, einen geraden Weg zu betonen; sie fügt Linien in der dritten Dimension hinzu.

Nicht in jedem kleinen Hofgarten wird es Wege geben; dennoch können die Grundlinien des Entwurfs sichtbar gemacht werden, beispielsweise in der Art, wie sich die Pflasterung auf das Haus bezieht. Mit klug platzierten Kübelpflanzen lässt sich die lineare Struktur des Gartens andeuten: Der Blick geht von einem Kübel zum nächsten und folgt dabei einer fiktiven „Linie". Reihen identischer Gefäße, wie eine bescheidenere Version der Orangenbäume in den Gärten der italienischen Renaissance betonen rund ums Jahr diese Linie, wenn man sie mit geformtem Buchs bepflanzt. Auch können die Pflanzen mit dem Wechsel der Jahreszeit ausgetauscht werden, doch hüten Sie sich vor zu großer Vielfalt. Der formalen Gestaltung ist mit Wiederholung am besten gedient, mit Lavendeltöpfen in praller Sonne oder dramatischen Keulenlilien *(Cordyline)* in größeren Containern. Im Schatten sorgen Farne wie Borstiger Schildfarn *(Polystichum setiferum)* oder das japanische Gras *Hakonechloa macra* 'Aureola' für rhythmische Ordnung.

Die Gestaltung in der Diagonalen schafft einen bewegteren, dynamischeren Garten. Hier herrscht ein Drang, der den Blick quer durch den Garten zieht und von einem Merkmal zum nächsten springen lässt. Der diagonale Grundriss entspricht nicht der formalen Tradition, sondern leitet eine eigene moderne Ordnung mit positivem Effekt ein. Diagonalen lassen einen kleinen Garten größer erscheinen und nutzen häufig die Grundfläche effizienter – es findet mehr darin Platz. Sie erweitern wirkungsvoll die optische Breite eines schmalen Gartens und ziehen den Besucher mitten in ihn hinein.

Raster Auf ganz andere Weise kommt die Linie bei einem weiteren Ansatz zum Tragen, einem passiven Gartenstil mit flächigem Eindruck, ohne Weg und ohne Fokus. Im heutigen formalen Garten dominiert mathematische Ordnung, und so wirkt die Schlichtheit des Rasters ansprechend, wenn der Maßstab stimmt. Das Raster im großen Garten ist eine schmucklose geometrische Komposition, die eine quadratische Fläche mit einem Muster prägt. Durch eine einheitliche Bepflanzung der Kreuzungspunkte unterstützt, halten die Rasterlinien den Raum zusammen. Im Gegensatz zur dynamischen zentralen Achse oder symmetrischen Anlage haben die Linien eines Rasters keine Richtungswirkung; keine der Linien ist wichtiger als die übrigen, wodurch das Design vollkommen in sich ruht.

ganz oben *Beinahe an ein Parterre erinnern die reglosen kleinen Nadelkissen des Goldkugelkaktus (Echinocactus grusonii), die im strengen Raster auf diesem Feld sitzen – Detail eines von Martha Schwartz entworfenen Gartens.*

darunter *Die weitflächige Bepflanzung der formalen Obstwiese wird durch den ungekünstelten Grasschnitt betont, der ein Raster aus Quadraten bildet. Die Bäume stehen auf den Schnittpunkten der kurz geschorenen Wege; im längeren Gras blühen Wiesenblumen.*

DIE INTERPRETATION: LINIE UND LAYOUT

Im großen formalen Garten lässt sich ein Raster ganz einfach mit Bäumen anlegen, ähnlich wie ein Obstgarten, um so eine rhythmische Ordnung zu schaffen, die durch das geschlossene Laubdach eine Dreidimensionalität erhält. Durch ein solches Raster aus geraden Baumstämmen unter dem Blätterdach hindurchzuschauen ist eine bereichernde Erfahrung. Lichtstrahlen tanzen auf dem Boden, und jede Jahreszeit bringt ihre Veränderungen. Der amerikanische Landschaftsarchitekt Dan Kiley hat das Raster in vielen seiner exquisiten modernen Entwürfe verwendet und gern dafür Sorten der fiederblättrigen Amerikanischen Gleditschie *(Gleditsia triacanthos*, 15 m) oder den Weißdorn *Crataegus persimilis* 'Prunifolia' (8 m) mit seinen Schirmkronen eingesetzt. Kugelakazien *(Robinia pseudoacacia* 'Umbraculifera'*)* sind mit einer Höhe und Breite von 6 Metern für kleinere Grundstücke geeignet. Sie bilden kein geschlossenes Blätterdach; stattdessen erheben sie sich wirkungsvoll über eine plane, zum Himmel offene Grasfläche. Eine zusätzliche Ebene wird geschaffen, wenn man jeden Baum mit einem circa 60 cm hohen Sockel aus geschnittenem Buchs umgibt (vgl. Foto S. 69). Solch ein geometrischer Hain bietet sich auch für eine versiegelte Fläche an, auf deren Raster sich beschattete Eckbänke mit eingebautem Tisch ganz natürlich verteilen.

Linie und Layout: Geometrische Raumformen

Im kleinen Garten bleibt ein quadratischer Plattenbelag im einfachen Kreuzverbund anonym, er wirkt niemals dominierend; ein Schachbrettmuster wiederum verleiht der kompakten modernen Anlage Eleganz. Niedrige, auf 45cm Höhe gestutzte Buchsbaumwürfel oder kriechender Thymian können mit quadratischen Steinplatten abwechseln, für die sich eine Kantenlänge von 45-60 cm empfiehlt. Der rasenbildende Thymian kann begangen werden; wo dies nicht erforderlich ist, lassen sich die Quadrate auch auf attraktive Weise mit winterharter Echter Hauswurz (*Sempervivum tectorum*) oder in wärmeren Gebieten mit der frostempfindlichen *Echeveria elegans* bepflanzen. Sie alle benötigen direkte Sonne und sandigen, gut durchlässigen Boden. Rankende kleinblättrige Efeusorten, auf Bodenniveau zu Quadraten gestutzt, sind eine weitere Alternative.

Eine Abwandlung des Bodenteppichs im Schachbrettmuster ist das stilisierte, zweidimensionale Labyrinth. Im neueren Gartendesign ist ein wieder auflebendes Interesse an diesem Gestaltungselement zu beobachten (siehe S. 122).

Geometrische Raumformen

Das alte Ideal der pittoresken Anlage war eine Abfolge planer Flächen, die es von einem bestimmten Blickwinkel aus zu bewundern galt. Wo in den großen achsensymmetrischen Gärten das Areal in gleiche Teile zerfiel, lag das Hauptaugenmerk auf dem trennenden Mittelweg, der seinerseits von untergeordneten parallelen Wegen durchschnitten wurde. Einzelflächen und Trennlinien ergaben ein flächiges Muster, das von größerer Bedeutung war als der Garten an sich. Die Paisley-Muster und Bourbonenlilien der buchsgesäumten Parterres bildeten das i-Tüpfelchen, dekorativ und zweidimensional. Ihre verschlungene Symmetrie sollte niemals mehr sein als Brokat – bunt gestickt, doch immer flach.

Als die Gärten kleiner wurden, kopierten sie die Vergangenheit mit offenen, von Rabatten gesäumten Rasenflächen, die zur allgemein anerkannten Norm wurden. Manchmal wurden aus dem flachen Rasen Inselbeete ausgeschnitten, die in ihrer Schmuckwirkung an das Parterre erinnerten. Und doch wurde die eigentliche Gartenfläche nicht voll genutzt, und sie war nicht einladend.

Ein Muster zu zeichnen ist nicht mehr das Ziel, und die zeitgemäße Gartenanlage ist spannender und gleichzeitig persönlich ansprechender. Sie lässt einen dreidimensionalen, formal bestimmten Raum nach mathematischen Regeln entstehen, in dem es oben, unten und rundherum etwas zu schauen gibt; der Mensch ist gern in einem solchen „zum Himmel offenen" Zimmer. Folgen Sie dem Beispiel der modernen Architektur und

gegenüber Das sparsame, geometrische Konzept des schmucklosen Pools macht im frühen Morgenlicht die regungslose Wasseroberfläche unübersehbar.

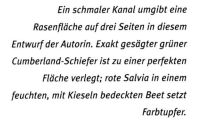

Ein schmaler Kanal umgibt eine Rasenfläche auf drei Seiten in diesem Entwurf der Autorin. Exakt gesägter grüner Cumberland-Schiefer ist zu einer perfekten Fläche verlegt; rote Salvia in einem feuchten, mit Kieseln bedeckten Beet setzt Farbtupfer.

Der dreieckig zugespitzte Garten ist eine schwierig zu gestaltende Fläche; dieser Pflanzplan löst das Problem durch konsequente Linienführung. Parallele Reihen von Kugeln aus grauem Zypressenheiligenkraut (Santolina chamaecyparissus) flankieren den Weg und lenken den Blick in die Ferne. Ebenso geschnittenes grünes Rosmarin-Heiligenkraut (S. rosmarinifolia) setzt die Reihen fort, erzeugt jedoch gleichzeitig eine raffinierte Diagonale und schafft auf diese Weise einen Scheitelpunkt, den Blickpunkt des Gartens.

DIE INTERPRETATION: LINIE UND LAYOUT

wiegen Sie die vielen Details und Pflanzen mit ausgedehnten Freiflächen auf, jener unersetzlichen Ingredienz des modernen Gartens.

Grundrissplanung Ein leeres Blatt Papier stellt uns vor die gleichen Entscheidungsprobleme wie ein leerer Gartenraum. Ihr erster Schritt sollte die Einsicht sein, dass nicht jedes Eckchen bepflanzt werden muss – Leerzonen bilden das Gegengewicht zu energiegeladener Vegetation. Der praktisch veranlagte Designer trifft die ersten Entscheidungen ähnlich wie der Innenarchitekt: der Wirtschaftsbereich des Hauses ist auszublenden. Die übrige Fläche lässt sich dann in Erholungs- und Pflanzbereich aufteilen – nur der Gartennutzer kann entscheiden, welcher von beiden der wichtigere ist. Sind beide gleich groß, wird der Garten nichts sagend und uninteressant; gestaltet man einen Teil größer, wird der Grundriss sofort weniger vorhersehbar und spannend.

Bedenken Sie den Kontrast zwischen einem großen, ruhigen Bereich und einem kleineren, dicht gedrängten. Oder lassen Sie den größeren Teil voller Details sein und verstecken Sie daneben einen kleinen Sitzplatz. Überlegen Sie, ob ein Wechsel im Bodenbelag den Übergang markieren soll oder ob Sie einen der Bereiche umfrieden möchten, sei es als Schutz vor Blicken oder vor dem Wind. Auch der Lichteinfall legt Formen und Bereiche fest – dunkle Tiefen erscheinen unbestimmt im Gegensatz zu den einladenderen offenen, lichterfüllten Flächen. Ein geometrisches Konzept wird durch rechtwinklige Strukturen vermittelt, die den Raum mit Wänden und Abtrennungen aus Holz, Ziegeln, Beton oder Glas definieren und umschließen oder aber, sanfter, mit Hecken. Liegen diese besonderen Bereiche fest, locken sie die

ganz oben **Die Begrenzung der quadratischen Platten mit einem Betonstreifen ermöglicht eine geschwungene Linienführung am Ende des Schwimmbeckens.**

darunter **Die flache Terrassierung ist den Bodenkonturen angepasst; Weidengeflecht hält das Erdreich in niedrigen Hochbeeten zurück.**

Scharfe Spitzen können ein Problem darstellen, doch hier passt sich Kies zwanglos allen Kurven des mit Eisenkraut (Verbena bonariensis) bepflanzten Beetes an.

Geschwungene Flächen

In Kunstharz gebundener heller Kies definiert in dem kleinen rückwärtig gelegenen Garten geschwungene Flächen. Den Garten durchschneiden Stufen, die sich von einer schmalen Mitte zu den Seiten hin mit organischem Schwung erweitern, um sich in der Bepflanzung rechts und links zu verlieren. Betonpflastersteine bilden den Stufenrand; von dem ans Haus angrenzenden Sitzplatz führen sie auf eine offene Fläche hinab, die von einem erhöhten Wasserbecken begrenzt wird. Von der Terrasse, die lediglich 25 cm über dem restlichen Garten liegt, blickt man auf die um 40cm erhöhte Wasseroberfläche.

Der langsam wachsende, frostverträgliche Schnee-Eukalyptus Eucalyptus pauciflora subsp. niphophila bildet mit seinem ledrigen türkis-grauen Laub und der glatten weißen Rinde einen dramatischen Mittelpunkt. Im Frühjahr kann er auf drei Knospen zurückgeschnitten werden und wächst dann buschig, mit rundlichen Jugendblättern an jungen Trieben.

Das stille Wasserbecken mit den ungleich gezackten Rändern bietet einen krassen Gegensatz; seine spitzeste Ecke ist hinter Pflanzen verborgen. Eine mahagonifarben lasierte Holzbank passt sich in gleicher Höhe dem Verlauf des Beckens an und verschwindet in der Beetbepflanzung mit Pampasgräsern.

Die Interpretation: Linie und Layout

Rhythmisch wiederkehrenden Wellen gleich wogen diese niedrigen Buchsbaumhecken in kurvenreichen, organischen Schwüngen; sie bilden in dem von Daniël Ost entworfenen Garten einen ausgefallenen Rasenabschluss.

Menschen durch Eingänge, die entweder groß und einladend oder eng und geheimnisvoll sind.

Im größeren Garten kann eine ununterbrochene Rasenfläche genauso unwiderstehlich sein wie ein intim zugeschnittener Bereich, und die Schmucklosigkeit ist ein bewusstes Ziel der formalen Moderne. Eine offene Fläche vermittelt Ruhe, sei sie rechteckig oder gleichmäßig kreisförmig. Jede Unterbrechung ist überflüssig, ein einzelner Baum vielleicht ausgenommen; ich würde vorschlagen, diesen nicht in die Mitte zu setzen, sondern näher an den Rand, wo er über die Baumkrone mit einem anderen Gartenbereich in Kontakt steht.

Im kleineren modernen Garten übernimmt oft eine Kies- oder Pflasterfläche die Rolle des Rasens. Solch eine harte Oberfläche kann in kühlerem oder feuchtem Klima reichlich abweisend wirken; daher dürfen sich hier Polsterpflanzen wie Sandthymian *(Thymus serpyllum)* oder *Pratia pedunculata* ausbreiten und den steinernen Eindruck mildern. Gestutzte Miniaturhecken aus silbrigem Zypressenheiligenkraut *(Santolina chamaecyparissus)* oder grünem Rosmarin-Heiligenkraut *(S. rosmarinifolius)* nehmen massiven Steinplatten die Härte und bewahren gleichzeitig ihren formalen Charakter; sie können allerdings beengend wirken. Es ist also zu überlegen, ob die Gras-, Kies- oder Pflasterfläche sich nicht ganz bis zum Rand erstrecken sollte: Wo die zwei aufeinander treffen, kann der Zaun oder die Mauer mit immergrünem Efeu verdeckt werden – die Grenzen des Gartens verlieren sich in der begrünten Vertikale.

Hohe Gartenbauten können kleine Räume abschließen und die Sicht verstellen, sodass nicht alles auf den ersten Blick sichtbar ist. Erwägen Sie, bestimmte Bereiche mit Zäunen oder Formhecken aus Eibe oder dem weiß blühenden, duftenden *Osmanthus* x *burkwoodii* mit seinem immergrünen dichten Laub abzutrennen. Ein anderer Bereich bliebe hinter einer durchscheinenden Abtrennung halb sichtbar (vgl. Teil 1, S. 37) oder würde nur zeitweise hinter hohen Ziergräsern wie *Miscanthus floridulus* verborgen, ein intimes kleines Sommerplätzchen.

Die dritte, „räumliche" Dimension des Gartens lässt sich durch Baumkronen oder durch Holz- und Metallbalken einbringen, die von Pfeilern gestützt oder an der Hauswand befestigt werden. Ähnlich einer frei stehenden Pergola fügt sich eine solche Struktur als skulpturales Gerüst in den

Gartenplan ein; sie umreißt einen rechtwinkligen, dreidimensionalen Raum, der sich wie eine Radierung vom Himmel abhebt. Möchten Sie die Balken mit einer Kletterpflanze begrünen, so meiden Sie die rustikale Geißblatt-Romantik und wählen Sie stattdessen kühnes Blattwerk wie das des Japanischen Prachtweins *(Vitis coignetiae)*.

Natürliche Raumformen

Der Ursprung des modernen Gartens liegt nicht allein in purer Geometrie. In der Geschichte des englischen Gartens gab es Zeiten, da eine „natürliche Ordnung" an ihre Stelle trat, wie in den arkadischen Landschaftsgärten von Capability Brown und Humphrey Repton im 18. Jahrhundert. Doch eine vollkommen neue Inspiration kam am Ende des 19. Jahrhunderts aus Japan. Japanische Holzschnitte, die in Europa – meist als Verpackung von Tee – im Umlauf waren, zeugten von einer anderen künstlerischen Wertesituation und einer hier unbekannten strengen Raumordnung, die sich auf die fließenden Asymmetrien der Natur gründet. Auch der Einfluss japanischer Gärten wirkte belebend – sie befreiten das Gartendesign von den Zwängen der Geometrie und stellten das eigentliche Wesen des Ortes, den genius loci, in den Vordergrund.

Der klassische Zen-Garten zeugt von einfühlsamer Naturbeobachtung; seine Aussagekraft gewinnt er aus der organisch geformten Landschaft (vgl. Der japanische Einfluss, S. 147). Diese Gärten sind mit größter Detailgenauigkeit und doch künstlerischer Zucht angelegt und gepflegt. Der natürliche Bodenverlauf mit seinen Hügeln und Kurven dient als Inspiration. Nur weniges in der Natur ist geradlinig, und Kurven, die kein Zirkel ziehen kann, formen sanfte Räume, gewöhnlich bar aller Symmetrie und rechten Winkel. Rein dekorative Wellenlinien lassen sich nur schwer auf Papier bringen; versuchen Sie daher, sie aus natürlichen Formen wie Feuersteinknollen oder Holzmaserungen zu entwickeln, mit Steinen oder Pflanzen als Unterbrechung. Vermeiden Sie jede Randbegrenzung – Flüsse und Wälder kennen keine sauberen Kanten – und erfreuen Sie sich stattdessen an natürlich gewachsenen bodennahen Pflanzen oder den amorphen Kurven arrangierter Kiesel.

Dieser alternative, ebenfalls straff organisierte Design-Ansatz teilt den Raum weit weniger auf als reine Geometrie. Er lässt sich mit einem Schnappschuss vergleichen, der verdeutlicht, wie große, leere Bereiche ein Bild dominieren und dennoch in Balance zu seinen kleinen Details stehen können. Üben Sie immer Zurückhaltung – die asymmetrische Zen-Tradition entwuchs der Natur, doch die Kunst, daraus eine besondere formale Ordnung entstehen zu lassen, liegt in menschengeschaffener schlichter Harmonie und Balance.

ganz oben *Nicht die Geometrie, sondern die Natur inspirierte diese „japanische" Landschaft. Schroff hervortretende Felsen, die aus dem geharkten Kiesmeer aufragen, stehen in einer dynamischen, spannungsgeladenen Beziehung zueinander; ein einzelner, liegender Stein in dem an Atmosphäre reichen Garten hat eine kleine Taupfütze eingefangen.*

darunter *Der Gartenweg aus akkurat verlegtem Granitpflaster umrundet in diesem Design von Cleve West eine geschwungene Rasenfläche und zieht den Besucher in den lichterfüllten Raum.*

Die Grundregeln des modernen klassischen Gartens entsprechen im Wesentlichen denen der Vergangenheit. Das zeitgemäße geometrische Konzept nutzt noch immer die europäische Tradition der Blickschneise auf ein reizvolles Ziel hin: einen Tempel, eine Statue oder eine Urne. Wege und Ausblicke werden beinahe wie früher gezielt angelegt, allerdings in neuer Größenordnung; Ruhezonen werden immer nötig sein; Baumgruppen erfordern als Gegengewicht offene Flächen. Die Bepflanzung ist noch immer dekorativ oder beeindruckend oder stellt eine Sammlung dar; Wasser wird eingebracht in Gestalt von Brunnen, Wasserfällen, Fischteichen und Wasserbecken. Dieses beachtliche Erbe wird also keineswegs abgelehnt; wir werden sehen, dass es lediglich dem neuen Jahrhundert angemessen neu strukturiert worden ist.

George Carter entwarf diesen modernen Garten, der an alte Traditionen anknüpft; der weiß lackierte Holzzaun spielt mit gotischen und orientalischen Metaphern.

Neue Erwartungen

Obwohl die eigentliche Funktion des Gartens sich kaum geändert hat, ist unsere Lebensführung heute eher vernunftbetont, und wir leben weniger großspurig. Der Garten wird heute meist als alltäglich nutzbarer Bereich geplant und wird vom Eigner gepflegt. Er ist meist kleiner, kostengünstiger in Anlage und Unterhalt und gleichwohl ausgesprochen persönlich. Individualität ist heute entscheidender als Status, und so unterscheiden sich die Erwartungen des modernen Gartenbesitzers sehr von denen des alten Gutsbesitzers. Da wir unsere Gärten selbst pflegen, sind schmückende Details eher entbehrlich. Einen pflegeleichten, dreidimensionalen, einladenden Raum zum Wohlfühlen zur Verfügung zu haben, ist weit wichtiger als seine Ornamentierung.

Vor allem der moderne Stadtgarten tendiert zum schlichten Grundriss, häufig mit eingebauten Sitzgelegenheiten aus Beton, Ziegel oder Holz. Umfriedungen und räumliche Trennungen sind vielfach geometrisch; sie stehen in enger Beziehung zum Haus, und die benutzten Materialien reichen von Naturstein über Holzbeplankung bis hin zu Beton. Hochbeete erleichtern die Pflege; das Design ist simpel und klar und setzt häufig die Bepflanzung als einziges die Strenge der Anlage milderndes Element ein.

Größenverhältnisse In der Vergangenheit gab es zwischen dem riesigen, großmaßstäblich angelegten Landgut und dem bescheidenen Hausgarten, der die Familie ernährte, kein Bindeglied. Diese Lücke schließt sich heute immer weiter – die Gartengröße reicht vom Balkon oder Hofgarten über den typischen Vorstadtgarten bis hin zum mehrere Hektar großen Landbesitz.

Das Kleinformat ist kein ganz neues Konzept, denn in der Vergangenheit wurden große Gärten häufig in introvertierte Räume oder Hofanlagen mit zentralem Wasserspiel unterteilt. Die heutigen kleinen, abgeschlossen Gärten werden quasi als Frischluft-Zimmer effizient für das Leben im Freien eingerichtet. Trotz des geschrumpften typischen Gartens wollen unsere gestiegenen Erwartungen praktische Notwendigkeiten erfüllt und Erholung gewährleistet sehen. So finden sich wunderbare Landgärten, blühende Vorstadtanlagen, wohl durchdachte kleine Höfe und sogar winzige Balkone, die dennoch Platz zum Empfang von Freunden bieten, und sie alle sind nach menschlichem, greifbarem Größenmaß angelegt. Vieles muss Platz finden und macht daher ein vereinfachtes, verdichtetes Konzept notwendig.

Die verringerte Bodenfläche führt zum Einsatz von Kletterern und strauchigen „Wandschirmen", die jede senkrechte Fläche nutzen. Balken als Ausleger ersetzen den alten Laubengang; in der Wand verankert, tragen sie ohne Stützpfeiler die Kletterpflanzen bis in den Gartenraum hinein.

Kosten, Nutzen, Gartenpflege Die ausgedehnten Gärten der Vergangenheit entsprangen einer luxuriösen Lebensführung. Ihr Ziel war es zu beeindrucken, während heute die Betonung auf dem ansprechenden Ambiente liegt. Der Gartenliebhaber möchte hier Träume erfüllen und das Leben im Sommer nach draußen verlagern. Die Kosten jedoch müssen im Rahmen bleiben; während in der Vergangenheit oft ein angestellter Gärtner für die

Klassische Innovation

links *Blickpunkt in dem kleinen symmetrischen Stadtgarten ist der Obelisk, der ebenso gut eine formale Gartenanlage aus dem 18. Jahrhunderts schmücken könnte. Er erhebt sich in der Mitte eines erhöhten Wasserbeckens, das an klassische portugiesische Gärten erinnert; das überlaufende Wasser sammelt sich in einem in den Boden eingelassenen Becken. Ein Rastermuster definiert den Plattenbelag aus Schiefer.*

gegenüber *Dan Pearson stattete diesen Dachgarten mit einem Holzdeck für die Bewohner und mit runden Stahlcontainern für mehrstämmige Birken aus. Den übrigen Gartenraum schmücken runde Pflanzhügel, die sich über niedrige Bodendecker erheben.*

Pflege zuständig war, erledigen die meisten von uns aus Gründen der Sparsamkeit die Arbeit selbst. Der formal zugeschnittene Garten von heute hält den Aufwand in Grenzen.

Die gewählten Materialien können als Leitfaden für den Stil dienen. Mögen Sie beispielsweise helles Kalksteinpflaster, so werden Sie wahrscheinlich ein minimalistisches, kühles Konzept mit weiteren ähnlich makellosen Materialien bevorzugen – weiß verputzte Mauern beispielsweise, die zum Jahresbeginn frisch gestrichen werden, wenn Sie auch die Steinplatten hochdruckreinigen. Edelstahl und opakes sandgestrahltes Glas sind pflegeleicht, und einfaches Abwaschen versetzt die passende Möblierung in ihren Urzustand zurück. Pflanzliches Beiwerk sollte ähnlich unkompliziert sein, in der Hauptsache wohl proportionierte Immergrüne wie Magnolien oder ansehnliche Fächerpalmen.

Die Wahl eines Holzdecks als Bodenbelag dagegen deutet an, dass Sie eine wärmere, entspanntere Atmosphäre bevorzugen, vielleicht in Kombination mit anderen Naturmaterialien und terrakottafarbenem Putz. Eine gewisse Lässigkeit mag für Sie akzeptabel sein, wenn sich dadurch der Pflegeaufwand geringer halten lässt. Herabgefallenes Herbstlaub ist somit kein Desaster, Kissen dürfen die Holzmöbel bedecken, und das Sonnenlicht wird durch eine Zeltstoffmarkise gedämpft. Zur weichen Bepflanzung können elegant verzweigte Ahorn-Arten zählen oder biegsamer Bambus.

Gartenpflege Schon in den 20er-Jahren des letzten Jahrhunderts verkündeten die Bauhaus-Künstler zum modernen Heim, es solle leicht zu bewirtschaften sein – dies schloss den dazu gehörenden Garten mit ein. Entsprechend wurden Gärten entworfen, die sich als funktionaler Raum nach den Bedürfnissen des Besitzers richteten, anstatt den Luxus vergangener Zeiten zu imitieren. Es handelte sich zwar immer noch um einen „Vergnügungsort", doch in erster Linie musste dieser Raum vor allem praktischen Ansprüchen genügen.

Die formale Gestaltung ist ein perfekter Ausgangspunkt, und der Modernismus mit seiner nachdrücklichen Schlichtheit ist als Grundprinzip für den leicht zu „bewältigenden" Garten ideal. Für Öltank, Komposthaufen und Geräteschuppen soll er Platz finden, und gleichzeitig fordern wir einen exquisiten Gartenraum von bezaubernder Schönheit, in dem der Aufenthalt ein Vergnügen ist. Der kleine „Einbaugarten" erfüllt ein Bedürfnis; seine integrierten Sitzplätze fungieren gleichzeitig als Hochbeet, und winzige Brunnen haben den Zufluss in der Wand. Mauern aus Glasbausteinen oder farbig verputztem Beton, dicht gereihte Holzpfosten oder Paneele aus Gitterwerk oder Weidengeflecht dienen als Sichtschutz und sind gleichzeitig attraktiv.

Eine vernünftige Arbeitseinteilung ist eine Grundvoraussetzung, um das kühle Raffinement der modernen Formalität aufrecht zu erhalten. Ordentlicher Stauraum macht die Unterbringung von Gartengeräten und

stapel- oder klappbaren Stühlen leicht; dieser lässt sich problemlos hinter einem Sichtschutz im geometrisch aufgeteilten Garten verbergen. Formale Gestaltung bringt weniger Details und größere Freiräume mit sich, wodurch sich weniger Trödel ansammelt. Auch sorgfältige Materialwahl kann ihren Beitrag leisten. In früheren Zeiten wurden algenbewachsener Stein und moosbedecktes Ziegelpflaster als romantisch betrachtet – solange jemand anderes die Reinigung übernahm. Heute sind die meist präzise verlegten, glatten und harten Oberflächen leicht mit Besen oder Gartenschlauch gereinigt – ein großer Vorteil in trockenen, staubigen Sommern. Besteht Ihr Bodenbelag aus hellen Kalksteinplatten, so können sie ihn ein- oder zweimal jährlich professionell mit Hochdruck reinigen lassen. Kies wirkt fast das ganze Jahr ordentlich; bedeckt ihn Herbstlaub, so müssen die größeren Blätter mühsam per Hand aufgelesen werden; die kleineren lassen sich harken. Unter einem Holzdeck befindet sich immer ein Hohlraum, weshalb es sich mit dem Besen leicht sauber halten lässt; Krümel sollten allerdings nicht durch die Ritzen gefegt werden, da sie Ungeziefer anlocken.

links *Marmorplatten dienen als Brücke über den Seerosenteich zu der dahinter gelegenen Loggia. Diese Anspielung auf klassischen italienischen Gartenstil wird durch die traditionelle Farbgebung der in verwaschenem Terrakotta gehaltenen Rückwand noch unterstrichen; davor stehen moderne Varianten klassischer Säulen.*

gegenüber *Die modern ausgeführte, aber klassisch inspirierte und proportionierte Laube bietet einen geschützt gelegenen Essplatz im Freien, von dem der Blick auf eine gemischte mediterrane Bepflanzung fällt.*

Die glatten oder lackierten Oberflächen einer Holz- oder Metallmöblierung sind rasch abgewischt oder -gewaschen, doch Sie müssen darauf gefasst sein, diesen Anstrich alle paar Jahre zu erneuern, da die Farbe durch widrige Witterung abblättern kann. Dünn aufgetragene Lasuren dagegen ziehen nach und nach ein, weshalb im allgemeinen kein Neuanstrich nötig wird. Oberflächen, die einen regelmäßigen Anstrich erfordern – wie Verputz oder gestrichene Rankgitter – sollten grundsätzlich nicht mit Wurzelhaftern wie zum Beispiel dem eifrigen Efeu begrünt werden oder mit solchen Kletterern, die sich mit anderen Pflanzen verschlingen, wie die wuchsfreudige Clematis montana.

Der Zeitfaktor Die zur Verfügung stehende Zeit ist zu berücksichtigen; viele Gartenbesitzer haben nur das Wochenende für Pflegemaßnahmen übrig. Der formale moderne Garten, mit langsam wachsenden immergrünen Sträuchern und einigen architektonischen Stauden besetzt, als zusätzliche Zierde ein paar Frühlingszwiebeln und Sommerblumen, ist ein Patentrezept, das einem nicht so rasch entgleitet. Gestutzte Buchshecken sorgen ebenfalls für ein gepflegtes Bild, selbst nach längerer Urlaubsabwesenheit.

Abgeschiedenheit Viele Menschen beschreiben ihren Garten als sicheren Hafen – einen Ort der Zuflucht vor den ständigen Forderungen des Alltags, wo sie die Zugbrücke hochziehen und Ruhe finden können. Bleibt das Handy im Haus, wird der Garten zur unerreichbaren Insel. Dies ist eine der vordringlichen Erwartungen dieser Tage, und der moderne formale Garten ist mit seiner Ordnung und ruhigen Schlichtheit der Ort, der sie erfüllt. Mauern, sofern sie nicht transparent sind, verbergen sein Innerstes und schaffen heimliche Verstecke. Immergrüne, durch Beschneiden in massive Wände verwandelt, wirken Schall schluckend, auf großzügigen Sitzgelegenheiten entspannt der Geist, eine Wasserstelle lädt zur Besinnlichkeit. Doch vor allem stellt ein solcher Garten nur geringe Ansprüche. Die meisten von uns freuen sich bei der Heimkehr auf seinen ungestörten Frieden.

KLASSISCHE INNOVATION: NEUE ERWARTUNGEN

Ein sinnliches Vergnügen Wir erwarten mehr von unserem Garten als reine Erholung und reibungslose Abläufe. Der Unterschied zum Garten der Vergangenheit liegt in einem gewissen Schwelgen in persönlichen Vorlieben. Seit Anbeginn dient der Garten dem puren Vergnügen, und seine künstlerische Ausführung spricht die Sinne direkt an – er muss also grundsätzlich erst einmal gefallen. Und während manche zeitgenössische Gärten ruhig wirken, sind andere voller Lebenslust; sie schaffen das Unerwartete und erzeugen eine Stimmung nicht allein mit Hilfe ihrer extravaganten Linienführung und ihrer Experimente mit innovativen Materialien, sondern ebenso durch Farben, Düfte und andere Sinneseindrücke.

Jedes im Garten verwendete Material hat Farbe, seien es die Naturtöne der Hölzer oder die Anstriche von Wänden und auf Sitzen. Farbe hat Einfluss auf Stimmungen, doch während diese veränderlich sind, muss die Farbe jederzeit gefallen. Rot und Orange beispielsweise mögen im Winter anregend sein, in sommerlicher Hitze jedoch sind sie schwer zu ertragen. Rote Erdfarben – Ockertöne wie Rost oder Terrakotta – sind eine sanfte Lösung. Gelb bringt Sonnenlicht in graue Tage, doch auch hier bieten Ockerfarben das mildere Vergnügen, während helles Zitronengelb und fast neutrales Strohblond im Kontext des Gartens sehr angenehm wirken. Blau kommt in mannigfachen kühlen, eleganten Schattierungen und Tönen daher; ein kräftiges Mittelblau ist im modernen Garten besonders populär, vor allem für Mobiliar und Pergolen – vielleicht aufgrund einer Assoziation zu maurischer Architektur. Grüne Farbe lässt sich wegen der vielen Blattschattierungen nur schwer im Garten einsetzen, doch als dunkles Flaschengrün ergibt sie einen schönen Kontrast zur Pflanzenwelt.

links In diesem von David Hicks entworfenen Garten führt der breite, auf beiden Seiten von gestelzten Palisaden gesäumte Rasenweg den Besucher zu einem offenen runden Pavillon. Getreu den Prinzipien der formalen Moderne sind alle Gestaltelemente schlicht und ungekünstelt, einschließlich der breiten, niedrigen Stufen, die von niedrigen Buchshecken gesäumt werden.

gegenüber Dieses Detail des von George Carter entworfenen Gartens von Seite 69 zeigt einen schmalen, stillen „Kanal", der auf eine Maske in einer dunklen Nische zuläuft. Die Anlage ist streng linear, doch silbergraue Edelraute (Artemisia) und Wollziest (Stachys byzantina) üben gemeinsam mit dem Blätterdach der Platanen eine mildernde Wirkung aus; ins Auge fällt der Spiegelglanz von Georgina Millers polierter Aluminium-Skulptur „Schwimmstein".

Jede kräftige Farbe kann den Garten unbeabsichtigt dominieren; schenken Sie daher den helleren neutralen Schattierungen von Grau, gebrannter Sienaerde, Rosa-Beige und Chamois Beachtung. Schwarz und Weiß sind dem minimalistischen Garten angemessen und wirken im modernen Kontext in Verbindung mit grünem Schiefer und Edelstahl frappant. Sie sind jedoch nicht der einzige Knüller: Auch ein gewagtes Schokoladenbraun mit alten roten Sandsteinplatten und Putz in verblichenem Rosa wirkt edel.

Blütenfarben sind ein Fall für sich; der moderne Garten wartet mit leuchtenden sommerlichen Kontrasten auf. Stellen Sie sich die blutrote Montbretie *Crocosmia* 'Lucifer' mit der tintenschwarzen *Iris* 'Sable Night' oder dem sich mit ihr reibenden Weinrot der *Iris* 'Langport Claret' vor. Diese aufrechten, mittelhohen Pflanzen kennzeichnet schwertförmiges, zur reglementierten Klassik passendes Blattwerk. Wo vornehme Blässe gefragt ist, bietet sich die weiße Tulpe *Tulipa* 'White Triumphator' als besonderer Schmuck an; mit fortschreitender Jahreszeit wird sie durch die sahneweißen Blütenähren der gleichmäßig gefächerten Binsenlilie *Sisyrinchium striatum* abgelöst, der im Spätsommer die straff aufrechte Fackellilie *Kniphofia* 'Green Jade' oder das höhere, rosa überhauchte *Veronicastrum virginicum* folgt.

Düfte sprechen einen weiteren Sinn an, ohne die Geradlinigkeit des neuen formalen Designs durch zusätzliches optisches Detail zu verwirren. Winterlicher Wohlgeruch, wie jener der kompakten immergrünen Fleischbeere *Sarcococca humilis*, einer gut für den Schatten geeigneten Pflanze, erfreut an einem milden Tag. Viele wunderschöne Magnolien verströmen im Frühjahr reichen Duft, und steht der Sommer ins Haus, so füllen unzählige Pflanzen, von Lavendel bis hin zu Lilien, den Gartenbereich mit ihrem Duft. Wählen Sie solche, die auch die gestalterischen Ansprüche des Umfeldes erfüllen.

Die Elemente neu interpretiert

Das Erbe der jüngeren Vergangenheit lassen wir nie vollkommen hinter uns – im Gegenteil: Wir betrachten die schrittweise Evolution als vernünftigen Fortschritt. Konservativismus und Wiederholung spielen hier keine Rolle – uns geht es darum, die Vergangenheit mit Elan und Fantasie neu zu interpretieren. Russell Page, ein hoch angesehener britischer Gartendesigner des 20. Jahrhunderts, war ein Meister solcher Entwürfe, wie seine Gärten in aller Welt bezeugen. Heute sind Designer en vogue, die auf Vergangenes Bezug nehmen, Überflüssiges streichen, frische Einfälle hinzufügen und traditionelle Zutaten modern abwandeln, sodass sie eine neue Aktualität gewinnen.

Die moderne Klassik ist weniger vorhersagbar als ihr Vorläufer: Die Grundstrukturen können überraschend sein, häufig asymmetrisch, gegen alle Konvention; es herrscht Esprit, und nicht alles ist das, als was es erscheint. Pergolen, Lauben, Rasenflächen, Wasserbecken, Brunnen und Gartenräume sind immer noch gefragt, doch auch diese traditionellen Elemente tragen ein neues Gesicht, wenn sie nicht als eklektischer Anklang an Vergangenes dienen. Geradlinige „lebende" Wandschirme lassen kleine Gartenräume entstehen, und man nutzt alle Möglichkeiten des dreidimensionalen Formschnitts. Fremde Kulturen werden munter geplündert: Die schmalen Kanäle der Mogul-Gärten kehren als enge Rinnen wieder, französische Lindenpalisaden bilden geometrische Räume, die japanische Wertschätzung der Natur findet in exquisiter ästhetischer Knappheit ihren Widerhall.

Raum- und Blickachsen Das Konzept der Allee oder des Boulevards impliziert Symmetrie und legt dadurch den Garten in seinen Grundzügen fest. Fühlen Sie sich durch solche Symmetrie angesprochen, so bedenken Sie, dass diese alles dominiert; sie lässt dem Blick als einzigem Ruhepunkt die Mittelachse. Sämtliche gestalterische Elemente in Ihrem Garten müssen darauf zugeschnitten werden.

Die Interpretation: Klassische Innovation

Ein gerader Weg in Verlängerung des Eingangs zu einem klassischen Garten ist eine Einladung zum Erkundungsgang. Traditionell würde eine solche Achse in einigem Abstand von Hecken begleitet, die wiederum von monumentalen geschnittenen Eiben flankiert wären. Im modernen Innenhof mag kein Raum dafür sein, doch eine kühne Adaptierung der Grundidee kann ein ähnliches Resultat zeitigen. Ein breiter Streifen aus Granitkleinpflaster könnte zum Beispiel den direkten „Weg" über eine quadratisch gepflasterte Fläche markieren. Beiderseits betonen gerade Streifen von Zwergbambus, etwa *Pleioblastus pygmaeus* var. disticus, die Symmetrie, wobei das Pflaster die ungebärdigen Wurzelschösslinge der Pflanze im Zaum hält. Zu beiden Seiten des Hofes sind waagerechte Drähte an Holzpfosten gespannt; an diesen ranken sich Glyzinen in drei Etagen entlang und schmücken den Frühsommer mit Blüten. Am Ende ließe sich der Bambus um eine geräumige, rechteckig erweiterte Fläche führen, von höherem Bambus ein zweites Mal umrahmt – ein geschützter Sitzplatz für Mahlzeiten. An der rückwärtigen Begrenzung, in diesem Fall der Bambushecke, kommt der suchende Blick zur Ruhe, und hier ist der perfekte Platz für eine halb versteckte, schlichte, aufragende Holzskulptur. Leuchten Sie den Sitzbereich gut aus (vgl. S. 58), doch installieren Sie entlang der Bambushecke nur schwache Bodenleuchten, die nicht mehr Licht als unbedingt nötig abgeben.

Ein radikal anderer Ansatz feiert den Raum an sich: Der Garten ringsum von Wänden aus Glasbausteinen umschlossen, der Boden mit Holz gedeckt, einige wenige Containerpflanzen und Möbelstücke als einziges Detail. Ohne zentralen Blickpunkt wird der offene Raum selbst zum Mittelpunkt – schon beim Betreten ist dies zu merken.

In einem nach außen offenen Garten kann ein Blickpunkt in Gestalt eines „geborgten" Blickziels, etwa eines Kirchturms, die Rolle des formvollendeten Kunstwerks übernehmen. In diesem Fall müssen Sie es zum unmissverständlichen Fokus bestimmen und Pflanzungen und Elemente zu beiden Seiten ausschließlich identisch gestalten. Schmeicheln Sie dem Ausblick mit niedriger immergrüner Orangenblume *Choysia* 'Aztec Pearl' im Vordergrund und spiegelgleichen höheren Buchenhecken oder Formsträuchern als seitlichem Rahmen.

Ein sehr kleiner Garten, den ich gestaltet habe, war weniger tief als breit; sein Grundriss jedoch wurde nach einer symmetrischen Geometrie angelegt, die ihn tiefer wirken lässt (vgl. Zeichnung S. 138). Schmale rechteckige Kalksteinplatten wurden parallel zum Haus verlegt und verlieren sich in den seitlichen Beeten. Die Seitenmauern werden durch zwei gegenüber liegende Paare aus gestutzter Delavays Duftblüte *Osmanthus delavayi* unterteilt.

ganz oben **Buchenhecken in dem von Erik Dhont entworfenen Garten schaffen magische offene Flächen und abgeschlossene Räume.**

darunter **Ein modernes Rasenlabyrinth lässt primitive mystische Assoziationen aufkommen; das Muster ist sehr frühen, in Fels geritzten Labyrinthen nachempfunden.**

Durchbrochenes Labyrinth

Dieser quadratische Hofgarten, dessen Design auf der Kreisform basiert, ist bewusst als Aufsicht konzipiert. Die konzentrischen Buchsbaumringe sind nicht geschlossen und lassen so ein ruheloses Gefühl fortgesetzter Bewegung entstehen. Diese moderne Adaptation des Labyrinths verwirrt: Dem Besucher stehen mehrere Wege zur Mitte zur Wahl. Die ausdrucksstarke Pflasterung jedoch – verschieden große rechteckige Yorksteinplatten in wechselnder linearer Verlegung – und die eckige Pergola am Eingang verleihen dem Design Stabilität.

Mittelpunkt des Gartens und der Aufmerksamkeit ist eine mehrstämmige Papierbirke (*Betula papyrifera*). Die Wände bedecken Clematis, Chinesische Zierquitte (*Chaenomeles speciosa*) und Kletternder Spindelstrauch (*Euonymus fortunei* 'Silver Queen'); das Pflaster bändigt einen Bambusstreifen (*Pleioblastus viridistriatus*). Gestutzter Buchsbaum bildet das rotierende Gerüst, mit kleinen Formsträuchern als Markierungs- und Anhaltspunkten. Weniger stark strukturierte Staudenpflanzungen folgen demselben Rhythmus. Stauden wie Montbretie (*Crocosmia* 'Lucifer'), Binsenlilie (*Sisyrinchium striatum*) und *Liriope muscari* gehen eine äußerst wirkungsvolle Partnerschaft mit Ziergräsern ein.

Die Interpretation: Klassische Innovation

An der dem Haus gegenüber liegenden Wand findet sich anstelle eines Blickpunktes eine Reihe aus fünf hohen, schlanken Säulen-Zieräpfeln über einer Bodendecke aus *Waldsteinia ternata*. Im mittleren Bereich bleibt genügend Raum für ein Dinner zu sechst. Dies ist ein Beispiel abgewandelter traditioneller Symmetrie.

Ein Ort der Erholung Die Vorstellung vom bewohnbaren Garten entstammt der Zeit der Römer und der Klassik. Früher wurden ganz selbstverständlich an Handelswegen für Wandersmann oder Pferd und Reiter Rastgelegenheiten eingerichtet. Bei einer schönen Aussicht wurde vorsorglich eine Bank aufgestellt, und ein exponierter Gartenabschnitt wurde häufig mit einem entsprechenden Schutz versehen. Im Lauf der Jahrhunderte entwickelten sich aus der frühen mittelalterlichen Rasenbank überdachte Laubensitze, aus denen elegante Rotunden, italienische Loggien, romantische Lusthäuschen, klassische Tempel und exotische Pavillons hervorgingen. Im 19. Jahrhundert schließlich war es üblich, den Tee auf der Terrasse zu nehmen.

Die Terrasse Die traditionelle Terrasse, klar durch eine Balustrade abgegrenzt, trennte früher das Haus vom Garten. Eine solche ornamentale Begrenzung ist heute überflüssig, da im modernen Garten ungeachtet aller Formalität vor allem die einheitliche Linie zählt. Die Balustrade findet daher keinen Ersatz; stattdessen dürfen die Pflasterkanten sogar von Pflanzen verdeckt sein, wodurch die Grenzlinien der harten Flächen verwischt und diese in den Garten eingebunden werden. Manchmal werden sogar formal gestutzte Pflanzen bis direkt an die Pflasterung herangeführt, wie in dem auf Seite 126 abgebildeten Garten.

Versiegelte Flächen dienen nicht mehr allein dazu, das Haus optisch zu verankern; sie müssen auch den Bedürfnissen derer entsprechen, die dort ihre Zeit verbringen. Daher schließt eine Terrasse nicht immer direkt ans Haus an, sondern kann gegebenenfalls am entgegengesetzten Ende des Gartens liegen. Direkt beim Haus gelegen, verläuft sie nicht unbedingt parallel dazu, sondern der Sonne zugewandt, vielleicht um 45° abgewinkelt. Der Komfort für den Benutzer wird höher eingestuft als die Stellung des Gebäudes. Viele neue Entwürfe (vgl. Zeichnung S. 95) basieren auf der Diagonalen, da diese den Raum optimal ausnutzt und interessante Gartenabschnitte schafft, die nicht symmetrisch und doch durch eine stark formale Geometrie geprägt sind. Die Dynamik des Gartens bewegt sich nicht länger geradeaus, im rechten Winkel vom Haus fort, sondern führt in seitliche Bereiche, wie im vorangegangenen Kapitel diskutiert.

Im städtischen Bereich ist die Terrasse dem kleineren Patio gewichen. Viele Gärten sind heutzutage abgeschlossene, nach innen gewandte Höfe. Sonnenhungrige Pflanzen fühlen sich hier auf einer Kiesschüttung wohl, doch für Sitzgelegenheiten und einen Tisch sollte sich ein gepflasterter Bereich finden. Ein Sonnendeck ist für wärmere Gefilde ideal und wird durch eine problemlos ausgeführte künstliche Terrassierung über maximal 70-100 cm noch reizvoller. Holzbeplankung hat als stark lineares Medium grundsätzlich einen gewissen formalen Charakter.

Sitzgelegenheiten Dass Sitzgelegenheiten vorrangige Bedeutung für den Gartenbesitzer haben, wird heute niemand bestreiten. Ob permanent eingebaut oder vorübergehend aufgestellt, werden Bänke als Element der klassischen Gestaltung von vornherein eingeplant. Der „integrierte" Garten ist eine ganz und gar neuzeitliche Vorstellung; wo wirklich beengte Platz-

Eine Sitzgelegenheit wird dann am liebsten angenommen, wenn der Rücken geschützt ist. In dem von Bonita Bulaitis entworfenen Garten steht hinter der geformten Holzbank auf Stahlbeinen ein Fächer aus riesigen Paneelen in kunstharzgebundenem Glasgranulat. Die weiche Textur der Bepflanzung geht in gebundenen rosa Kies als Bodenbelag über, der die Farbe der Glaspaneele mit blauen Streifen wieder aufnimmt.

Die „traditionellen" Elemente der formalen Anlage – Pergola, Rankgerüst und Obelisk – bestehen in diesem Garten aus Metall und Stahlgitter. Sie sind bewusst nackt belassen – keine Pflanzen sollen das Gerüst verwischen und verdecken. Doch auf Bodenniveau bedecken den Garten Lavendel, duftende Kräuter und Gräser mit Blütenwolken und weicher Textur.

verhältnisse herrschen, ermöglicht er dem Eigner eingepasste Sitze, Pflanztröge und ein Wasserspiel und dazu eingebauten Stauraum für Gartengeräte. Selbst ein Tisch lässt sich unterbringen (vgl. Foto S. 43). Strapazierfähige Holzplanken sind die kostengünstige Version; die vornehm-elegante Ausführung wäre ein Betonunterbau mit einer Verkleidung aus wertvollen versiegelten Kalksteinplatten.

Abgesehen von rein praktischen Gesichtspunkten sollten Sitzmöglichkeiten auch eine ästhetische Funktion haben. Hierfür könnte man sogar eine fantasievolle Sitz-Skulptur entwerfen lassen. Es braucht nichts weiter zu sein als ein Tisch mit Bänken nach schlichter Shaker-Art, als Teil des übrigen Designs. Oder einige ausgefallene Möbelstücke, die voller

Die Interpretation: Klassische Innovation

unten Julia Brett entwarf diesen kompakten Hofgarten rund um eine Skulptur aus eloxiertem Stahl von Simon Percival. Diese erhebt sich genau in der Mitte des „Zisternenhofes", wo sie von allen drei Ebenen des Hauses aus sichtbar ist.

eigenwilliger Eleganz mal hierhin, mal dorthin wandern, geradezu wie Leute. Oder ein Design von solcher Kraft, dass es als skulpturaler Blickpunkt des Gartens dient.

Gartenlauben Geschützte Sitzplätze sind dafür da, Schutz vor Sonne, Wind und Regen zu bieten, und man hat sich einiges dazu einfallen lassen. Heute schließt der Begriff „Gartenlaube" vieles ein – runde und oktogonale Holzbauten (vgl. Foto S. 110), häufig mit Rankgittern versehen und von Kletterern überwuchert; glatt lackierte Holzhäuschen mit Fensterwand; Bauwerke aus Beton und Glas mit Schiebetüren; „Glas"häuser aus Polycarbonat, die gegebenenfalls sogar mittels einer Drehscheibe dem Lauf der Sonne folgen. Viele dieser Gartenlauben bergen als wahre Vertreter der Verbindung von Funktion und Design auf ihrer Rückseite einen Stauraum. Sie alle sind nicht rustikal ausgeführt, sondern nach mathematischen Prinzipien konzipiert und bar jeder verspielten Dekoration. Eine leichtere Note, Wiederbelebung der Vergangenheit, bringt Eisendraht ins Spiel. Er ist heute weniger kunstvoll verarbeitet, ohne geklöppelte Arabesken und krönende Abschlüsse, und stattdessen kräftig um stabile Metallrahmen herumgeflochten.

Pergola, Bogen, Laubengang Am Anfang stand ein beschatteter, pflanzenüberrankter Sitz: die Laubenbank. Ein beranktes Holzgerüst schirmte sie nach beiden Seiten hin ab, um sich oben zu schließen und Schutz sowohl vor Blicken als auch vor Mittagssonne und kühlem Wind zu bieten. Diese Laube wurde allmählich immer länger, bis sich daraus gegen Ende des 15. Jahrhunderts ein langer Tunnel entwickelt hatte, der gleichfalls von Schlingern oder gezogenen Pflanzen bedeckt war. Meist wurden diese Tunnel fast wie ein Kreuzgang rund um die Außenseiten des Gartens geführt; dem Besucher, der darunter wandelte, boten sich Ausblicke auf den in der Mitte befindlichen Lustgarten. Später ging aus diesen stark beschatteten Tunneln die lichtgefleckte Pergola hervor, wie wir sie heute kennen.

Heute ist die Pergola als Wandelgang noch immer stark vertreten. Durchschreiten wir den Garten mit Ausblick nach beiden Seiten hin, klingt der symmetrische Ansatz neu an; zieht sich die Pergola jedoch an einer Gartenseite hin, so kann nur eine immergrüne Hecke die Aufmerksamkeit in die andere Richtung, den hellen Gartenraum, zwingen. In diesem Fall sollten die Pfosten nur minimal begrünt sein, um den Durchblick nicht zu behindern. Obgleich uns der Laubengang schützend umfangen soll, sollte er dennoch genügend Bewegungsfreiheit in Höhe und Breite bieten. Von einer wirklich hohen Pergola (2,50 m) können die Blüten-

oben *Die riesige monolithische Zwillingsskulptur von Jack Lenor Larson lenkt wie ein massiver Rahmen aus Beton und Holz das Augenmerk auf die Ausmaße von Teich und Wald; zwergenhaft wirkt darunter der Menschenraum.*

gegenüber unten *In dem eleganten Vorstadt-Garten ruht eine quadratische Pergola aus schweren Holzbalken auf klassischen Säulen; Kletterpflanzen erübrigen sich hier.*

trauben der Glyzine herabhängen, ohne zu stören; bei ähnlicher Breite bleibt Raum für einen Pflanzstreifen entlang der Innenseite, mit niedrigem Purpurglöckchen *Heuchera* 'Red Spangles' beispielsweise oder mit frühen Krokussen, denen später hoher, schlanker Zierlauch folgt.

Bögen sind frei stehende Konstruktionen, können jedoch als Verbindungsglied zwischen Wänden oder Zäunen dienen; sie setzen die Linie fort und lassen gleichzeitig einen Durchgang frei. Wo ein Bereich endet und ein anderer beginnt, können sie als trennende Markierung dienen, etwa beim Übergang vom Blumengarten zum Sitzbereich. Heute wird der Bogen gern als faszinierende, in Intervallen oder solistisch aufgestellte Skulptur eingesetzt, oftmals gigantisch und meist ohne Pflanzen. Er kann einen Ausblick rahmen oder selbst als origineller Blickpunkt fungieren. Die neueste Entwicklung im modernen Garten ist der Einsatz von Trägerkonstruktionen

In diesem Sinnesgarten in Chaumont-sur-Loire wogt künstlicher Nebel wie an einem Wintermorgen über den Boden. Die von Flechtzäunen im Rautenmuster abgeteilten Seitenbereiche erinnern an die Seitenkapellen einer Kathedrale.

zur Betonung der Raumstruktur. Diese frei stehenden Balken führen in den Gartenraum hinein; sie bekräftigen die formale Geometrie und setzen den darunter liegenden Raum ab, während sie gleichzeitig der räumlichen Gestaltung des Gartens ein dreidimensionales Element hinzufügen. Es ist nicht immer notwendig, diese zu beranken.

Eine Pergola bestand früher wie heute häufig aus einer Serie von schmiedeeisernen Reifen, die der Konstruktion eine Rundung gaben; die Alternative waren gerade Holzbalkenkonstruktionen mit Trägern und Querbalken auf Holzpfosten oder Mauerpfeilern. Auch im modernen formalen Garten findet Holz seinen Einsatz, doch ohne jede rustikale Wirkung. Die Pfeiler sind nicht mit Hohlkehlen versehen, es fehlen die verspielten Aufsätze, und die Balken werden nicht ausgeschnitten, sondern geradlinig bearbeitet. Stahlrohre ersetzen Holzpfosten, und Betonpfeiler treten an die

Stelle der alten kunstvollen Mauerpfeiler. Farbe und Lasur mildern die optische Wirkung dieser Konstruktionen.

Stahl, Aluminium und gebogener Bambus sind neue, harmonische Materialien für geradlinige und gerundete Pergolen, wobei wiederverwertete kostengünstige Baugerüste eine zunehmend beliebte Variante sind. Weitere Materialien bieten sich zur Befestigung an den Querbalken als Schutzdach an. Verbund-Sicherheitsglas und transparentes Polycarbonat halten Regen ab, Zeltleinwand schützt vor heller Sonne und Hitze. Wer geduldig ist, kann einen lebenden Flechttunnel ziehen – Goldregen, Hainbuchen oder Linden, alle sehr biegsam, werden in zwei Reihen beiderseits eines Weges gepflanzt; mit glatten Stämmen beginnend, werden sie nach und nach zu einem hochgewölbten Tunnel erzogen.

Wasser In der Geschichte des Gartens gibt es kein Kapitel, das nicht auf irgendeine Weise Wasser mit einbezieht. Im modernen Garten spielt das nasse Element eine ebenso wichtige Rolle; hier wird es fast immer als künstlerischer Mittelpunkt abgehandelt, nicht als Anklang an die Natur. Die Einfälle der Vergangenheit haben nicht an Beliebtheit verloren, das Format allerdings ist geschrumpft. Die berühmten Fontänen der Villa d'Este beruhen auf ausgeklügelter Ingenieurskunst, ihre kleinen modernen Entsprechungen nutzen elektrische Pumpen. Einst überspülte das Wasser Marmor oder Fels; die modernen Alternativen sind Kupfer mit grüner Patina, Schiefer, Edelstahl und Glas. Wasserfälle stürzen nicht mehr frei aus der Höhe herab, sondern plätschern von einer glatt geschliffenen Stufe auf die nächste. Wasserrinnen dürfen rund um den Garten verlaufen, anstatt als Mittelachse zu fungieren.

Mit Wasser lassen sich außerordentliche Dinge vollführen. Wir alle kennen Springbrunnen, Wasserspeier, Kaskaden, Kanäle und Rinnen., Ihre modernen Varianten werden großenteils in dem Kapitel über den minimalistischen Garten vorgestellt (vgl. S. 141), doch die Technik ermöglicht noch bühnenwirksamere Arrangements. Ein solches Überraschungselement sind Nebelschwaden, die plötzlich in einem formal gestalteten Umfeld umhertreiben. Hierfür wird flüssiger Stickstoff in Luft verdampft und mit einem Ventilator durch ein Röhrensystem getrieben, aus dem er an der vorgesehenen Stelle im Garten austritt. Die Anlage wird über eine Zeitschaltuhr gesteuert, die den Nebel zu vorbestimmten Zeiten auftauchen und wieder verwehen lässt. Manchmal wird zusätzlich ein Kühlelement eingebaut, wodurch die Nebelschwaden auf dem Boden liegen bleiben.

Skulpturen Oftmals sind Gartenelemente wie ein Wasserspiel oder ein Möbelstück so wohl geformt und interessant, dass sie sofort alle Aufmerksamkeit auf sich ziehen; in diesem Fall wäre jede weitere Skulptur überflüssig. Doch Skulpturen sind seit Römerzeiten Teil des Gartens und spielen heute eine zunehmend größere Rolle; sie dienen als Augenmerk und verleihen dem Garten seine unverwechselbare, persönliche Note.

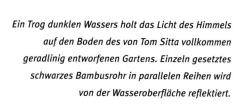

Ein Trog dunklen Wassers holt das Licht des Himmels auf den Boden des von Tom Sitta vollkommen geradlinig entworfenen Gartens. Einzeln gesetztes schwarzes Bambusrohr in parallelen Reihen wird von der Wasseroberfläche reflektiert.

Die Interpretation: Klassische Innovation

Den Mittelpunkt des modernen buchsgesäumten Parterres mit betongepflasterten Pfaden zieren buntblättriger Meerrettich, blühender Schnittlauch und andere Kräuter.

Bei der Auswahl ist vieles zu berücksichtigen; soll der formale, moderne Gartenstil ergänzt werden, sind Entscheidungen zur Größe des Stückes zu treffen, ob es auffällig oder zurückhaltend sein soll und ob ein figürliches oder ein abstraktes Werk vorzuziehen ist. Im letzteren Fall eröffnen sich unzählige Möglichkeiten der Materialwahl, von Schiefer und Glas über geformten Kunststoff und Metalle bis hin zu Plexiglas und Holz. Der moderne formale Garten ist nicht der Ort für eine diminutive klassische Göttin, es sei denn als Scherz. Dies bedeutet jedoch nicht, dass figurative Kunst abzulehnen sei – moderne Kunst ist nicht notwendig abstrakt. Es gibt schöne Figuren, die im Garten gut zur Wirkung kommen und rund ums Jahr erfreuen, doch sie müssen passend dimensioniert sein und den Charakter des Gartens treffen. In der Vergangenheit thronte eine solche Arbeit meist beabsichtigt imposant auf einem hohen Sockel und stellte so eine Distanz zwischen Betrachter und Kunst her. Heute zieht man es vor, das Werk zugänglich in Bodennähe aufzustellen.

Die Platzierung ist äußerst wichtig. Soll das Werk augenfällig oder versteckt stehen? Ein Kunstwerk kann bewusst übergroß gewählt sein – in diesem Fall sieht man nichts anderes –, oder man fügt mehrere kleine Stücke zu einem Thema als subtile Details ein, die überraschend hinter einer Biegung oder nah einem Sitzplatz auftauchen. Die Plastik lässt sich durch einen perfekt gewählten Hintergrund ergänzen – eine durchscheinende, strukturierte Verbundglasscheibe betont die Umrisse, und in einer aus steifem Feuerdorn geschnittenen Nische steht die Skulptur wie im Seitenschiff einer Kathedrale. Soll die Arbeit von allen Seiten betrachtet werden, sollte sie nicht das Ende einer Blickachse bilden, sondern frei stehen. Nicht zu vergessen ist, dass manche Skulpturen von statischer Ruhe sind, während andere aufwühlen und erregen – in diesem Fall bildet hoher, raschelnder Bambus oder eine mit zitterndem Wildem Wein *(Parthenocissus henryana)* bedeckte Wand den passenden Hintergrund.

Ist ein Kunstwerk nicht in Ihrem Etat vorgesehen, so geben monolithische Felsen oder gewachsenes Holz einfache, doch wirkungsvolle Skulpturen für den modernen formalen Garten ab. Eine andere Alternative sind Fundstücke aus der Natur, wie auf Seite 56 beschrieben, oder zweckentfremdete Industrieobjekte, die von einer Samtschicht roten Rosts überzogen sind. Sorgfältige Beleuchtung ist in jedem Fall äußerst wirkungsvoll, ob durch Strahler oder Hinterleuchtung, und vergessen Sie nicht, dass sich Skulpturen gut mit Wasser zu einem zentralen Blickfang verbinden lassen (vgl. Foto S. 131).

Formschnitt Hecken dienten schon immer als Raumwände: Ob niedrig oder hoch, sie wirken immer sanfter als Mauern. Niedrige Hecken wurden zu kleineren Unterteilungen wie Parterres und Labyrinthen gezogen, doch jedes Mal, wenn die Natur die Oberhand über das Design gewann – wie beispielsweise im 18. Jahrhundert zur Zeit Capability Browns –, verloren diese an Beliebtheit. Die nachfolgende Generation entdeckte dann die Faszination der weiter zurückliegenden Vergangenheit von neuem, und der formale Garten erhielt erneuten Auftrieb. Heute ist der Form-

schnitt wieder ausgesprochen beliebt – zum einen, weil eine Hecke aus immergrünen Pflanzen das ganze Jahr hindurch einen konstanten Anblick bietet, und zum anderen, weil sich hier der Garten am stärksten unterordnet.

Hecken Hecken dienten schon in uralten Zeiten als Umfriedung; schnell ließ die formale Hecke jedoch ihre bäuerlichen Wurzeln hinter sich und wurde zum Standard im heimischen Garten. Ihre Funktion war noch immer von Bedeutung, doch auch ihr Gestaltwert wurde bald erkannt. Formhecken wie die in Teil 1 beschriebenen (vgl. S. 64) finden im modernen Garten gern Verwendung, da sie einen geometrischen Entwurf mit dreidimensionaler Präzision umsetzen. Im modernen Garten übertrifft niemand den belgischen Gartendesigner Jacques Wirtz und seine Heckenexperimente im formalen Kontext; seine ruhigen Grünanlagen schaffen eine Verbindung zwischen Haus und Pflasterflächen, und dies in vollkommener Harmonie mit den eingefügten auffallenden Blattpflanzen. Hecken mäandrieren heute in organischen Windungen, laufen auf den Standort einer Skulptur als gemeinsamen Mittelpunkt zu oder verhüllen wie Caféhausgardinen die Straße, ohne die Sicht zu blockieren. Fensteröffnungen in diesen Gartenwänden erhalten durch das Spiel von Licht und Schatten Szenewirkung.

Parterres Das dem Erdboden verbundene Parterre diente ursprünglich der Einfassung von Kräuter- und Blumenbeeten. Die Anlage war unkompliziert und vorwiegend geradlinig, doch schon bald kam der Knotengarten mit seinen Voluten und verschlungenen Bändermustern in Mode. Diese wurden als „parterre de broderie" bezeichnet, was die zugrunde liegende Vorstellung vom zweidimensionalen Stickmuster zum Ausdruck bringt. Das neu erwachte Interesse am Parterre gründet sich auf unsere Wahrnehmung des Gartens als besondere atmosphärische Dimension, in die wir eintauchen, wobei wir den praktischen Nebeneffekt zu schätzen wissen, dass ein solcher Garten immer gut gepflegt wirkt.

Komplizierte Knoten und Parterres haben sich vom flächigen Muster zum Gerüst des Gartenraums entwickelt, wenn sie nicht gar die Rolle einer lebenden Skulptur übernehmen. Sie mögen noch immer niedrig sein, doch nun schaffen sie eine Abfolge von Innenräumen, deren räumlicher Eindruck ebenso wichtig ist wie die Hecke selbst. Ganz besonders deutlich wird dies bei Nacht, wenn die entsprechende Beleuchtung das Parterre in Szene setzt und offene Räume, schattendunkle Bereiche und solide, massige Formen sichtbar werden lässt.

Das frühe Morgenlicht betont das Pflanzengewirr, das vor der holzverkleideten Hauswand über skulpturale Metallkonstruktionen drapiert ist. Darunter schlängeln sich parallele Buchsbaumstreifen mit organischem Schwung.

Wenn Sie heute ein Parterre planen, machen Sie sich eine ganz schlichte Rahmengebung zum Ziel und überlegen Sie, ob Ihnen fließende Rundungen mit offenen Bereichen oder geschlossene geometrische Formen lieber sind. Lassen Sie sich nicht dazu verleiten, überall Pflanzen haben zu müssen. Ein Bereich kann als Sitzplatz gepflastert sein, an anderer Stelle steht eine Skulptur, und ein großer Teil darf von angenehmer Leere sein. Dieser Garten hat zu jeder Jahreszeit Atmosphäre – ob weiß überfroren, in junges Grün gekleidet oder in dunklem Schatten liegend. In der Vergangenheit nahm man als Pflanzen vorwiegend immergrünen Buchs, gelegentlich silbergrauen Lavendel oder Heiligenkraut. Heute findet man selbst ganz niedrige, teils nur sommergrüne Einfassungen aus Grasnelken *(Armeria maritima)*, Schnittlauch *(Allium schoenoprasum)* und Liriope muscari.

Labyrinthe Das Labyrinth ist wieder da; sein Rätsel geht bis in Zeiten zurück, aus denen uns keine Überlieferungen vorliegen. Möglicherweise waren die alten Felszeichnungen von Labyrinthen ein Versuch, die Mysterien des Jenseits zu erklären; unsere Faszination an ihnen nimmt kein Ende, da wir denselben Geheimnissen noch immer gegenüberstehen. Aus einfachen Zeichnungen wurden größere Labyrinthe, die im hohen Mittelalter schließlich in dem auf ebenem Grund ausgestochenen Rasenlabyrinth kulminierten, bei dem sich ein verschlungener Pfad um ein im Zentrum gelegenes Ziel windet. Ursprünglich Teil religiöser Prozession, wandelte sich das Labyrinth schließlich zu einem schmückenden Rätselspiel, das eine starke optische Verbundenheit zum komplizierten Parterre aufweist. Schließlich gesellte sich eine dreidimensionale Komponente hinzu, die den Unterhaltungswert steigerte, indem sie quasi als Augenbinde fungierte. Heckenlabyrinthe sind in Gärten in ganz Europa zu finden und noch heute als Zeitvertreib beliebt. Das gegenwärtig neu erwachte Interesse am Labyrinth scheint weniger ornamental denn in seiner Vielschichtigkeit begründet zu sein, die dem Garten etwas Geheimnisvolles verleiht. Der moderne Garten sollte ungeachtet all seiner Formalität mehr als nur schön sein; er sollte unbedingt unsere Seele ansprechen und Atmosphäre haben.

Heute finden sich wie in der Vergangenheit flach aus Rasen gestochene Labyrinthe oder aber in den Boden eingelegte Muster aus Pflastersteinen. Was immer sie bezwecken sollen, sie komplementieren die Schlichtheit und Klarheit des durchorganisierten modernen Gartens und sollten akkurat auf Papier vorgeplant werden. Ein geometrischer Entwurf ist am einfachsten – gerade Linien, Kreisausschnitte, Kehren, Sackgassen und schließlich das „Zentrum", das nicht im Mittelpunkt zu liegen braucht. Unabhängig von seiner Beschaffenheit ist das Wichtigste am Labyrinth das Gefühl der Herausforderung bei der Suche nach dem Ziel.

Formgehölze So wie Strauchwerk und Rasen sich zu Kunst umbilden lassen, so sind Formgehölze die ultimative lebende Rundplastik. Die Kunstfertigkeit der alten Gärten ist heute aus mehreren Gründen wieder aktuell. Ausschlaggebend ist die praktische Erkenntnis, dass ein solches Gehölz, ist es erst einmal geschnitten, problemlos in Form gehalten ist. Außerdem trifft auf Formgehölze dasselbe zu wie auf viele andere Gestaltungselemente des modernen Gartens – sie hauchen dem Garten seinen besonderen *genius loci* ein, wie ihn William Kent so liebte. [Kent, William, 1684-1748, klassizistischer Baumeister und Gartengestalter, begründete mit seinen Landschaftsgärten den englischen Gartenstil – Anm. d. Übers.]

Vierspielte Formen wie Pfauen, Hühner und gar Teddybären sind inzwischen passé, und der Gärtner ist nun auf mehr Eleganz aus. Schlichte mathematische Formen, wie Würfel, Kegel, Keilformen und Kugeln sind im Gartenraum von statischer Präsenz und lassen Geheimnisvolles entstehen. In jüngster Zeit sieht man nach dem Vorbild von hügeligen Landschaften und Felsanhäufungen entstandene rein abstrakte Formen, die der „Land-art" nahe stehen, einer neuzeitlichen Kunstrichtung der Landschaftsgestaltung. Bei dieser wird die Bodenoberfläche in der Größenordnung eines neolithischen Monumentes zu einer künstlerischen Landschaft umgestaltet; man findet sie in Nordamerika und in dem berühmten, von Charles Jencks und Maggie Keswick entworfenen schottischen „Garden of Cosmic Speculation" und seinen Nachahmern.

KLASSISCHE INNOVATION: DIE ELEMENTE NEU INTERPRETIERT

gegenüber Diese humorvolle Sammlung zwergenhafter Formgehölze ist fast – aber nur fast – vollständig von Symmetrie beherrscht. Durch Tradition inspiriert und dennoch vollkommen modern, stehen sich am zentralen „Kreuzungspunkt" eine Pyramide und ein von einer Kuppel gekrönter Quader in dynamischer Konfrontation gegenüber, wie die letzte Herausforderung in einer Schachpartie.

unten Die „patte d'oie" war ein im Frankreich des 17. Jahrhunderts beliebtes Muster aus sternförmig auseinander laufenden Wegen. Marc Schoellen hat den Gedanken hier in verkleinerter Form mit weichen Buchenhecken umgesetzt, die zu einer Wiese führen.

Skulpturen aus Formgehölzen wirken zeitlos, sind jedoch leicht gemacht und nicht sehr teuer. Da sie fest im Boden verwurzelt sind, erfordern sie einen gründlich durchdachten Plan; dies ist besonders wichtig, wenn sie unterpflastert werden sollen. Auch Kies wäre ein guter Untergrund, nicht jedoch Gras, das gemäht werden muss. Für einen Formschnitt geeignete Gehölze sind in Teil 1 aufgeführt (vgl. S. 64). Vielleicht möchten Sie sie wie Skulpturen symmetrisch zu beiden Seiten eines Weges aufstellen, oder Sie planen einen stark augenfälligen Blickpunkt, etwa einen asymmetrischen „Wolkenformschnitt" (vgl. S. 68). Eine Ansammlung kleiner, geometrisch geschnittener Sträucher, wie Pyramiden und Kegel, könnte einen Innenhof füllen und lediglich eine Sitzfläche frei lassen. Abgesehen von der Begrünung der Randflächen bedarf eine derart kraftvolle Aussage keiner weiterer Pflanzen.

Fließende Linien

Dieser intime Abschnitt eines großen Landgartens ist als ein ganz besonderer Bereich zwischen Haus und Fluss geplant, der zwischen beiden als Verbindungsglied fungieren soll. Die Autorin entwarf gemeinsam mit Barbara Hunt die geräumige, von breiten, niedrigen Buchshecken gesäumte Terrasse und die daran anschließende Pflanzung als eine Einheit. Verwobene Bänder aus flachen Klinkern, weichen Heiligenkraut- und Lavendelsorten und niedrigen, grasartigen Taglilien *(Hemerocallis)* folgen demselben sanften Schwung. Saisonstauden – von Tulpen über farbenfrohe Sommerblüher bis hin zu Herbstschönheiten unter den Gräsern – verbinden sich mit fließenden Pfaden. Auffallend geschnittene Eiben, typisch für die Gegend, zeichnen vom Haus ausgehende Linien, die als schützender Abschluss dienen und gleichzeitig den Besucher auf den ausgedehnten Rasen locken. Durch die Lücken fallende Sonnenstrahlen wandern im Laufe des Tages langsam über das Pflanzenmeer.

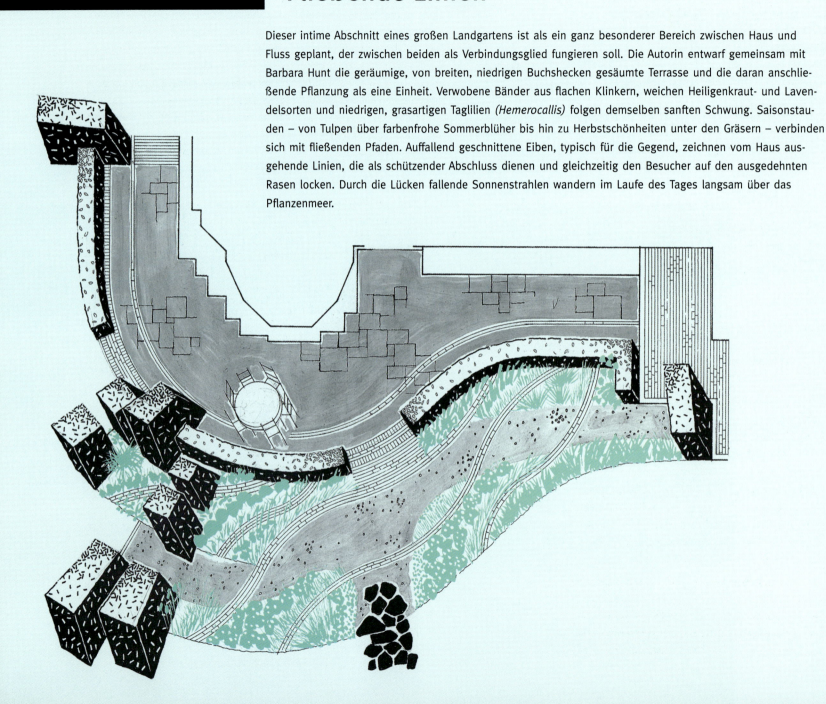

Klassische Innovation: Grundkonzept

Grundkonzept

Eine der wichtigsten Entwicklungen in sämtlichen Künsten des 20. Jahrhunderts ist das Aufblühen von Mannigfaltigkeit und Individualität. In der Folge gleicht kein moderner Garten einem anderen, und auch wenn der formale Ansatz noch immer Ordnung und Stimmigkeit bringt, sollte er persönliches Ambiente nicht unterdrücken. Die alte Überzeugung, ein großartiger Garten brauche eine Seele, trifft noch immer zu, und im neuen, auf ein zentrales Thema konzentrierten formalen Design trifft dieser genius loci auf die ordnende, neu definierte Geometrie; er setzt die Einzigartigkeit des Gartens frei und bringt ihn zum Leben.

Vom praktischen Gesichtspunkt aus bedeutet dies, dass sowohl die räumliche Aufteilung als auch die Pflanzen am besten zur Geltung kommen, wenn sich das Gartendesign auf ein klares Konzept gründet. Im durchdacht mit Pflanzen gestalteten Garten kann dies schlicht und einfach bedeuten, dass man mit den klimatischen und anderen Standortfaktoren arbeitet und keine fremdländischen Arten zulässt. So könnte der englische Waldstaudengarten als Inspiration dienen. In dem sanften Licht unter dem Blätterdach gedeihen niedrige Farne, Nieswurz, Wolfsmilchgewächse und Waldhainsimse. In der Mitte öffnet sich eine geheime Lichtung, eine Waldwiese mit Englischen Waldhyazinthen, Storchschnabel, Primeln und Veilchen. Für den Hausgarten lässt sich dieser Ansatz formal mit einer doppelten Reihe kleiner Bäume umsetzen, die eine quadratische Fläche, die „Waldlichtung", vollkommen umschließen. Massive Holzbohlen grenzen die Fläche ab und sind außerdem zu Sitzbänken verbaut, mit einem eingebauten Tisch in der einen Ecke. Dasselbe Holz, flach verlegt, könnte als Wegverbindung vom Haus zur offenen Fläche dienen und sich in der Bepflanzung verlieren.

Grundkonzepte entstehen ebenfalls aus der Respektierung der Atmosphäre eines Ortes und seiner Umgebung; so bietet sich in einem Trockenklima aus Gründen der Wasserersparnis die Gestaltung mit Xerophyten an. Ein von Isabelle Greene in Kalifornien angelegter Xerophytengarten fängt das Wesen der heißen, trockenen Hanglage mit einer Reihe von niedrigen Böschungsmauern aus Beton ein; die durch Reisfelder inspirierte Terrassierung verleiht dem Garten Struktur (vgl. Fotos S. 72 und 127). Der Garten ist mit trockenheitsresistenten Pflanzen voller Textur und Farbe fantastisch bepflanzt: Tamarisken, Wasser speichernde Aloen und Agaven, spitze Yuccas und Rauhschopf *(Dasylirion)*. Die Flächen und Linien in diesem Garten sind genauso abrupt und unregelmäßig wie das Terrain und komplementieren die streng moderne Architektur.

In einem ländlichen Garten, den ich gemeinsam mit Barbara Hunt angelegt habe (vgl. auch S. 124), entwickelte sich das Konzept aus einem trägen

ganz oben *Gebundener Kies und Polygonalpflaster passen sich der „fließenden" Thematik an; den Pfad kreuzt ein Ziegelband. Keramische Skulpturen von Veronique Maria kennzeichnen gemeinsam mit niedrigem Pfriemengras und gefülltem rotem Sonnenröschen einen Übergangsbereich.*

darunter *In der Detailaufnahme werden Textur und Gestalt der ausgewählten Pflanzen deutlich. Heiligenkraut und Lavendel stellen die Grundstruktur her;* **Knautie** (Knautia macedonica), **Federgras** (Stipa gigantea), **Fetthenne** (Sedum spectabile) *und die aufragenden Blütenkugeln des Zierlauchs füllen im jahreszeitlichen Wechsel die Zwischenräume.*

DIE INTERPRETATION: KLASSISCHE INNOVATION

Den geschwungenen Terrassenrand säumt ein breiter, niedriger Buchsstreifen, aus dem eine hügelige Bepflanzung hervorgeht, welche die Bewegung fließenden Wassers wiedergibt. Zu Heiligenkraut, Edelraute und Lavendel gesellen sich Taglilien, Ziergräser und Heuchera 'Green Ivory' und setzen sich auf der anderen Seite des links im Bild sichtbaren Weges fort. Die Eiben werden zu gegebener Zeit zu stark geometrischen, keilförmigen Mauerstreben geschnitten werden.

Wasserlauf, der einer benachbarten Kressefarm entspringt; mit immer gleichem Wasserstand windet sich dieses Gewässer durch den großen Garten. Aus der Einzigartigkeit dieses Grundstücks entstand ein „fließender Garten" mit gewundenen Kiespfaden und parallel verlegten Ziegelbändern, die sich durch geschwungene Beete schlängeln. Die Bepflanzung ist mit ihren weit ausholenden natürlichen Kurven ein Äquivalent der trägen Wasserströmung.

Geschichtlichen Ursprungs sind die Konzeptgärten des englischen Designers George Carter (vgl. Fotos S. 69, 104 und 111). Sie nehmen Bezug auf die Zeit vor den großen Landschaftsgärten des 18. Jahrhunderts, da Formalität den Ton angab und ein Garten ein abgeschlossener Bereich war, den Skulpturen und Sitzgelegenheiten schmückten. Die in seinen klar strukturierten Gärten häufig verwendete Symmetrie wird von weiteren, zu Alkoven

führenden Achsen durchquert; dort findet sich entweder ein skulpturaler Blickpunkt oder aber ein Durchlass, der in weitere Räume lockt. Den großartigen Stil passt Carter beengteren Verhältnissen durch Manipulation des Maßstabs und eine kühne, entschlossene Grundrissgestaltung an. All seinen Gärten wohnt etwas Geheimnisvolles inne, ein Gefühl, als sei die Zeit angehalten worden, bisweilen geradezu eine Melancholie. Doch immer sind sie durch schmückende Details bereichert, welche die Nischen füllen, die gerade Linie unterstützen und das Gefühl der Abgeschiedenheit verstärken. Motive aus dem Goldenen Zeitalter des europäischen Designs sind Grundbestandteil dieser Geschlossenheit, und so finden sich Obelisken, krönende Abschlüsse, goldene Kugeln, klassische Statuen und lang gestreckte, das Licht spiegelnde Wasserbecken.

Die moderne Formalität ist also auch zu einem persönlichen Ausdrucksmittel geworden. Im kleinen Stadtgarten lässt sich ein ganz eigenes Ortsgefühl schaffen, indem man in die urbane Umgebung einen ganz und gar grünen Raum setzt, dessen Bühne ausschließlich durch Textur belebt wird. In der Höhe abgestufte Formhecken und akkurat geschnittenes Feuerdornspalier an der Wand legen die Grundlinien fest. Rasen- oder Kamillensitze, typisch für mittelalterliche Gärten, führen das Thema weiter aus, und das Laub eines kleinen Baumes, etwa der Vogelbeere *Sorbus cashmiriana*, eines grazilen Geschöpfes mit fein gefiedertem Blattwerk, spiegelt sich in einer silbrigen, quadratischen Wasserfläche.

Auch Humor gab es in den großen formalen Gärten – beispielsweise in Gestalt von Wasserspeiern, die plötzlich den nichts ahnenden Besucher besprühten, oder die von der Schwerkraft betriebenen Wasserorgeln der Villa d'Este – und auch in der modernen Gestaltung findet sich Hintersinniges. Ein weiterer Trend dieser Tage ist das Spiel mit Größenverhältnissen und Überraschungseffekten (vgl. S. 117). Durch Illusion und Witz lässt sich ein Garten mit endlosem Potenzial für geistreiche Ergänzungen erschaffen. Erwägen Sie den Einsatz der falschen Perspektive, die mit Hilfe von konvergierenden Linien, sich verjüngenden Wasserflächen und gigantischem Blattwerk wie dem der frosttoleranten Bananenstaude *(Musa basjoo)* den Garten optisch verlängert; Wasserstrahlen, wie in der Vergangenheit, oder Wasserdampf lassen sich über eine Zeituhr steuern und tauchen überraschend auf. Aus seichten Kanälen anstelle von Hecken ließe sich ein Labyrinth anlegen; hier schummelt niemand ohne verräterische Spuren. In einem stillen Becken spiegelt sich die Unterseite eines schlichten, an ein breites „Sprungbrett" erinnernden Blickfangs und lässt unerwartetes Detail erkennen [ein beeindruckendes Beispiel im Skulpturengarten von „Den Hoge Velouwe" bei Einthoven, Anm. d. Übers.]. Immer gilt: Man kann auch Gartenkunst auf die Spitze treiben.

Der nahe Ozean inspirierte diesen Strandgarten. Seine Beete füllen Streifen aus von der See gewaschenen bleichen Kieseln, gestutztem Heiligenkraut und Purpursalbei; niedrige Weidenflechtzäune schützen die Pflanzen vor dem Wind.

An Reisfelder erinnernde Terrassen nutzen hier die Hanglage optimal. Mit Bedacht gewählte Pflanzen gedeihen hervorragend in dem von Isabelle Greene entworfenen Trockengarten (vgl. auch S. 72).

Am Beginn dieses neuen Jahrhunderts ist es angesagt, sich für die Gartengestaltung realistische Ziele zu stecken. Wir hegen einen großen Respekt für die freie Natur, doch viel beschäftigte Menschen benötigen einen eigenen Gartenraum, der ihnen nicht zu viel abverlangt. Wer wenig Zeit hat, eine natürlich überschäumende Fülle in Ordnung zu halten, wird ein schlicht-elegantes Design vorziehen. Ein nach formal minimalistischen Prinzipien angelegter Gartenraum ist recht problemlos, und seine Pflege kann sich ebenso minimal gestalten wie das Design. Die Idee des minimalistischen Gartens entspringt der modernistischen Architektur des 20. Jahrhunderts. Geometrische, karg zugeschnittene Bauten aus schmucklosem Beton und Glas forderten eine ähnliche Behandlung des dazu gehörigen Freiraums. Solches Raffinement muss nicht unerschwinglich sein; zudem strahlt dieser Gartenstil eine beruhigende Gelassenheit aus.

Minimalistisches Thema dieser nach oben offenen Wandkulisse ist eine Monokultur aus Moos. Bambus filtert das Licht, das schräg durch die Portale fällt und die graugrünen Mooshügel beleuchtet.

Auf jedem Designgebiet ist Minimalismus die Schlichtheit in Perfektion: die Reduktion auf das Essenzielle, das Fehlen von Ornamentierung und Exzess. Der minimalistische Garten ist vom Wesen her formal, da die Ordnung in seiner Linienführung und räumlichen Gestaltung das zugrunde liegende Prinzip ist. Eine klare Festlegung balanciert die unerlässlichen Wirtschaftsbereiche gegen den übrigen Garten aus. Ein derart analytischer Ansatz erfordert unumwundene Planung, die jegliche möglicherweise von der inneren Geschlossenheit ablenkende Dekoration meidet. Freiräume sind ebenso wichtig wie Linienführung und in vielerlei Hinsicht das bedeutendste Gestaltungselement des modernen Gartens. In einer ruhelosen Gesellschaft wirkt die wohl geordnete Weite beruhigend und ausgesprochen schön – vorausgesetzt, nichts lenkt von ihrer nahtlosen Perfektion ab.

Damit der Raum als Garten wirken kann, ist ein Fokus nötig, ein Ort, an dem der Blick festhält – dies kann eine Skulptur sein, eine interessante Pflanze oder ein Ausblick über seine Grenzen hinaus. Seine Integrität beruht außerdem auf der Verwendung makelloser Materialien, die eher harmonieren als kontrastieren, und von Pflanzen, welche die Jahreszeiten relativ unverändert durchleben. Reglement ist ein wichtiger Faktor, und bei der Pflege sollte jedes Detail sorgfältige Beachtung finden, wobei mühelos erscheinende Eleganz das Ziel ist.

Praktische Erwägungen

Für viele drückt der minimalistische Garten als Stilmittel die gleiche Freude an eleganter Ausführung aus, die der Mathematiker in einem Theorem findet oder der Musiker in einer feinen Kadenz. Er bietet schlichte Eleganz mit einer Übereinstimmung in Funktion und Wesen, die perfekt zur Stimmung des neuen Jahrhunderts passt. Doch diese Perfektion erfordert eine strenge Planung, damit Pflanzen, Beiwerk und Materialien harmonieren – wie die Disziplin eines Mannschaftssports, bei dem alle Mitglieder auf ein gemeinsames Ziel hinarbeiten. Eine solche Grundhaltung ermöglicht es Ihnen, dem Impulskauf im Gartencenter zu widerstehen, der die Gesamtanlage aus dem Gleichgewicht bringen könnte.

Kosten Häufig geht die Annahme, minimalistisch sei gleichbedeutend mit kostenintensiv. Tatsächlich kann Perfektion teuer sein – fällt Ihre Wahl auf Marmor oder Kalkstein, Stahl oder Glas, so sind nicht nur die Materialkosten hoch, sondern Sie benötigen auch fachkundige Hilfe bei der Verarbeitung. Doch mit durchdachter Materialwahl und sorgfältiger Planung kann formaler Minimalismus immer im Bereich des Möglichen liegen. Beton ist häufig eine akzeptable Alternative zum Naturstein (vgl. Teil 1, S. 22); wie Kies ist er nicht nur für wenig Geld gelegt, sondern weist auch die für

Formal reduziert

ganz oben **Ganz ohne Umstand definieren die drei sorgsam aufgereihten Schalen gemeinsam mit den drei Liegestühlen am Beckenrand die Dimensionen der Kalksteinterrasse.**

darunter **Wandernde Schatten und ein einzelner Baum sind Hauptschmuck dieses Hofgartens von simpler Geometrie.**

die minimalistische Gestaltung nötige Gleichförmigkeit auf. Durch die Beifügung geringer Mengen wertvoller Materialien, wie Schieferstreifen oder Stahlbänder, wird das Endergebnis veredelt. Bei Holz allerdings sollten Sie nicht sparen – billiges Holz verzieht und verfärbt sich mit der Zeit. Das verlässlichste Holz für ein Deck ist amerikanische Rotzeder (vgl. Teil 1, S. 28).

Die gleiche Sorgfalt sollte bei der Wahl der Umfriedung eines minimalistischen Hofraumes walten. Synthetische Materialien sind erschwinglich und können wirkungsvoll sein, wie verputzter und gestrichener Leichtbaustein; der einfache Farbanstrich ist ein perfekter Hintergrund für Pflanzen und Details. Paneele aus teurem Edelstahlgewebe bieten durchscheinenden Sichtschutz, der zwar Licht durchlässt, aber vor Blicken schützt; breite, an quer gestellte Fensterläden erinnernde, senkrecht gesetzte Holzlatten oder Polycarbonat-Paneele in Holzrahmen sind erschwinglicher und dem formalen Minimalismus ebenso angemessen. Auch Metall braucht kein Luxusgut zu sein: Gerüstbau-Elemente sind schnell errichtet und, falls wiederverwertet und selbst gestrichen, billig obendrein.

Was die Pflanzen für den minimalistischen Garten betrifft, so werden Sie oftmals Zeit „erkaufen" müssen, um den gereiften Eindruck entstehen zu lassen. Formhecken, allen voran Buchsbaum und Eibe, legen im Nu die Grundzüge fest. Man kann Geld sparen, indem man sie klein kauft und heranwachsen lässt – doch dann muss man lange warten, bis der Garten den fest verwurzelten Eindruck macht, der Teil der reduzierten Formalität ist. Dasselbe gilt für Solitärpflanzen – es kann sich lohnen, einen großen Baumfarn oder eine Fächerpalme zu erstehen (vgl. Teil 1, S. 70), um den Blickpunkt des Gartens gleich im ersten Jahr festzulegen. Als Trost mag dienen, dass dieser Gartenstil nur wenige Pflanzen erfordert.

Pflege Einer der Hauptgründe bei der Entscheidung für einen minimalistischen Gartenstil ist die Überlegung, dass er nicht viel Zeit in Anspruch nimmt – und doch soll er das ganze Jahr lang in tadellosem Zustand sein. Eine einfache Pflegeroutine sollte von Anfang an eingeplant werden. Schmutz und Algen und gegebenenfalls Moos setzen sich an porösem Kalk- und Sandstein fest, doch eine alljährliche professionelle Hochdruckreinigung stellt ihren makellosen Zustand wieder her. Härtere Steine, wie Marmor und Schiefer, bleiben sauber, wenn sie regelmäßig gefegt und gelegentlich mit Wasser geschrubbt werden (geben Sie Acht – in nassem Zustand sind diese glatt!). Ein Farbauftrag auf Beton nutzt ab und muss aufgefrischt werden, doch durchgefärbter Beton sollte farbecht sein. Ist der Beton mit Zuschlagstoffen versetzt, sind Fegen und Schrubben schnell erledigt.

FORMAL REDUZIERT: PRAKITSCHE ERWÄGUNGEN

Eine Kiesschüttung ist schwieriger sauber zu halten, wenn nicht nur Immergrüne gepflanzt werden. Losen Kies kann man unmöglich abfegen; Blätter müssen daher per Hand aufgesammelt werden. Ist der Kies dagegen in Kunstharz gebunden (vgl. S. 24), so ist Fegen kein Problem. Ein Holzdeck neu zu lasieren oder zu streichen, ist keine kleine Aufgabe, doch amerikanische Rotzeder, die eine sanfte silbergraue Patina annimmt, braucht keinen Schutz.

Mauern benötigen meist nur wenig Pflege, wenn man von rohem Beton absieht, dessen gepflegte Reinheit durch Ablagerungen und Wettereinflüsse

Mitten durch das stille Wasserbecken schiebt sich die geometrisch gestaltete Glaswand; die Skulptur schirmt den Hauseingang ab. Den mit schlichter Eleganz entworfenen Hofgarten beleben lediglich der Schattenwurf des Bambus an der Wand und das Wasser, das an den Bronzeseiten des Beckens herabrinnt. Es handelt sich um einen Teil des auf Seite 90 gezeigten Gartens von Ron Herman.

Die Interpretation: Formal reduziert

links außen Licht und Schatten spielen in vielen minimalistischen Gärten eine große Rolle, wie die kräftigen Schattenlinien verdeutlichen, welche die Pergola hier auf Wand und Boden zeichnet. Textur bringt der gemusterte Kieselboden mit betongesäumten farbigen Streifen ein.

links Hinter der einfachen Liege wird selbst die Dehnungsfuge in der glatten, hellen Betonwand zum Teil des Designs; in dem sonnigen Hof lässt sich das ganze Potenzial des Schattenwurfs ausnutzen.

verfärbt werden kann, sofern er nicht versiegelt ist, was eine alljährliche Reinigung notwendig macht. Alles, was sich an einer Betonmauer festhält, etwa Haftkletterer, erschwert Reparatur- und Instandhaltungsarbeiten. Daher bleiben die Grenzen eines minimalistischen Gartens häufig nackt, was der Grundstimmung entspricht. Ist Ihnen dies zu karg, so ist eine Wand aus grünem, windbewegtem Efeu ein weicher konstanter Hintergrund, der wenig kostet und maximal zweimal im Jahr gestutzt werden muss.

Die meisten immergrünen Pflanzen bereiten wenig Aufwand; als architektonischer Mittelpunkt böte sich die großblütige Magnolia grandiflora mit ihrem hochglänzenden Laub oder die Zimmeraralie Fatsia japonica an. Formgehölze behalten ihre dichte, gesunde Präzision, wenn sie einen regelmäßigen Schnitt erhalten, der in Ihrem Gartenkalender zu vermerken wäre: Eibe alljährlich im Sommer, Buchsbaum zwei- bis dreimal, Lonicera nitida und Ligustrum jonandrum etwa fünfmal jährlich. Wassergaben sollten regelmäßig erfolgen; in einem kleineren Garten lässt sich dies per Hand bewerkstelligen, doch in einem größeren kann sich ein per Schaltuhr betriebenes automatisches Bewässerungssystem lohnen.

Geeignete Materialien

Im minimalistischen formalen Garten, wo der Freiraum wichtiger ist als jeder Blickfang, wird der Bodenbelag zu einem Grundbestandteil des Gesamtkonzepts. Doch ein Garten, der nach sparsamer Linienführung ausgelegt ist und nur durch das verwendete Material Textur und Farbe erhält, kann geradezu streng wirken. Viel hängt daher von der Materialwahl ab. Oft diktiert sie Formgebung und Raumaufteilung, so wie in der Steinzeit der handgerollte Ton die Grundform der Töpferware beeinflusste.

Es ist wichtig, dass die einheitliche Wirkung des Bodens nicht durch zu viel Detail verdorben wird. Akkurater Fugenverlauf und möglichst wenig Unterbrechung der Fläche durch Farb- und Texturkontraste erhöht die Wirkung jeder Pflasterung, sei die Grundeinheit noch so klein. Längliche Steinplatten werden im Idealfall mit der Schmalseite auf Stoß verlegt (vgl. S. 18). Weißer Marmor, Kalkstein und heller Sandstein sind von einer lichtreflektierenden Reinheit gekennzeichnet, die diese makellosen Materialien für den minimalistischen Garten perfekt macht. Derselbe Eindruck lässt sich mit Kunststein erzielen (vgl. Teil 1, S. 21), und auch ein wenig texturierte gebürstete Betonplatten sind nicht übel. Blauschwarzes Hofpflaster und dunkle Kacheln sind zum minimalistischen Gartenstil passende Kleinpflaster-Arten; die ständige Wiederholung stellt die Einheit der Fläche her, sodass die Stimmigkeit des Designs nicht durch das einzelne Element, sondern durch ihre Gesamtheit getragen wird. Ein gleichmäßiger, durchgehender Belag aus versiegeltem oder poliertem Beton, der eine attraktive Patina annimmt, oder raffiniert mit Kunstharz gebundene Aggregate entsprechen ebenfalls der minimalistischen Maxime, wobei die erste Variante die wesentlich kostengünstigere ist.

Hier steht der Ozean im Mittelpunkt; daher sind die Details des Dachgartens von Topher Delaney ganz zurückhaltend konzipiert. Geschnittenes trockenheitsresistentes Pyramiden-Schillergras Koeleria cristata wechselt mit flächig gepflanztem grauem Sedum ab; eine niedrige windverträgliche Kiefer in einem eckigen Container ist ein ansehnlicher Blickpunkt. Die elegante Umfriedung aus Metallgitterwerk bricht wirkungsvoll die Kraft des Windes.

Hartes, verzinktes Stahlblech und Edelstahlroste sind typisch für den „Hightech"-Minimalismus, den Stil, der Industriewerkstoffe mit kompromisslos moderner Wirkung verbaut. Sie wirken verblüffend edel und bilden praktische, rutschsichere Laufstege und Stufen über Wasserflächen. Für einen starker Sonne ausgesetzten Garten sind diese Metalle jedoch ungeeignet, und sowohl Material- als auch Lohnkosten sind hoch. Eine gute Ergänzung zum Metall sind dunkle Pflasterklinker, da auch sie in präzisem Format hergestellt werden, und Holz darf als sanfter Kontrast ebenfalls damit kombiniert werden.

Weichere Materialien sind Holzplanken, Gras, Gummimatten und kunstharzgebundener Gummihäcksel, die durchgehend verlegt werden können (vgl. S. 22-28). Gummioberflächen wirken Schall schluckend, was der formalen Stimmung entgegenkommt; ansprechend wirken sie in gedämpften

In diesem minimalistischen, von Steve Martino entworfenen Garten wird der Raum kompromisslos durch massive verputzte Betonwände unterteilt, doch die Blütenblätter der Mimose sind als Textur auf der glatten, trägen Wasseroberfläche willkommen. Ein Speirohr in der dunklen, durch die Mauerlücke sichtbaren Wand hält das Wasser in Bewegung.

oder neutralen Farben. Glatt geschmirgeltes Holz bietet ebenfalls eine weiche, ruhige Oberfläche, und die Linien eines Decks unterstützen die des Gesamtdesigns. Ein gut gepflegter Rasenteppich ist ein hervorragender Bodenbelag; säen Sie eine Mischung feiner Rasengräser und kürzen Sie sie regelmäßig für einen Golfplatz-Effekt (vorzugsweise jedoch ohne Streifenmuster; das wäre zuviel der Kontrolle).

Vorsichtiger Materialmix unter Vermeidung dramatischer Kontraste erhält den Reiz des Minimalismus. Farbkontraste sind für diesen Gartenstil zu kräftig, doch die Kombination von zwei Texturen ist recht wirkungsvoll. Beton wirkt weicher, wenn man eine Doppelreihe aus Kleinsteinpflaster in Naturtönen als Dehnfuge in die hellgraue Fläche einlegt. Ein überaus

FORMAL REDUZIERT: GEEIGNETE MATERIALIEN

Gelbe Fackellilien (Kniphofia), *elegant zurückhaltend von Gestalt, stehen am Geländer des von Topher Delaney entworfenen Balkongartens.*

weiches taktiles Erlebnis bieten Holzplanken, die man knapp unterhalb des Rasenniveaus einfügt.

Umfriedungen erzielen die beste Wirkung, wenn sie dem Bodenmaterial ähneln; so entsteht Kontinuität und damit Harmonie. Mit Beton lässt sich beinahe jeder Bodenbelag nachahmen (vgl. S. 22); wo er zu schwer wirkt, bewirken Glasbausteine eine leuchtende Transparenz, die den Garten optisch aufhellt, deren Textur jedoch ohne Farbkontraste mit den meisten Materialien harmoniert. Sie verschmelzen mit massiven verputzten Mauern, die sie im Licht aufleuchten lassen. Schlitze in einer hohen, massiven Mauer haben denselben Effekt; im Laufe des Tages lassen sie die hindurchfallenden Sonnenstrahlen über den Boden hinweg wandern. Wird ein Muster gewünscht, etwa in Form eines Mosaiks oder der Farbgebung, ist eine gleichmäßige, flächige Wirkung zu bevorzugen, die nicht vom Hauptaugenmerk des Gartens ablenkt.

Textur einsetzen Der formal minimalistische Garten muss wegen seines Prinzips der Schlichtheit nicht karg sein, und Textur ist ein wichtiges Stilmittel der Persönlichkeitsbildung. Wie wir in Teil 1 gesehen haben, gibt es heute eine nie dagewesene Auswahl an Bodenbelägen (vgl. S. 16), doch der Schlüssel liegt in der Zurückhaltung, und so beschränkt man sich am besten auf zwei. Grobe Strukturen wirken kühn, während glatte Texturen Eleganz suggerieren und glänzende Luxus.

Kontraste bringen Spannung; kombinieren Sie also Textur zu diesem Effekt, etwa einen Kreis aus großem Granitpflaster zu glatten Sandsteinplatten oder knirschenden Kies zu ruhiger Holzbeplankung. Weitere Möglichkeiten sind warmes Holz mit kaltem Stein und makelloser Schiefer mit körnigem Glasgranulat. Anstelle von Kontrasten ähnliche Texturen zu verwenden ist eine subtilere Taktik. Das Design kann die Subtilität in der Wahl der Textur zum eleganten Thema seiner Reduktion machen; die Materialien sind hier durch äußerste Zurückhaltung gekennzeichnet, sie meiden den Wettbewerb und heben dadurch andere Eigenschaften hervor. Granitpflaster verschmilzt mit Granitplatten, Feinkies mit rundem Katzenkopfpflaster – der Blick bleibt frei für anderes.

Licht und Farbe Im Garten ist natürliches Sonnenlicht das Designelement mit der größten Bestimmungskraft; einige der besten minimalistischen Gärten liegen durch ihren Breitengrad in gleichmäßig hell strahlendem Licht. Die Arbeiten Luis Barragans, eines der einflussreichsten Landschaftsdesigner des 20. Jahrhunderts, finden sich in der schonungslosen Helligkeit Zentralamerikas. Die Kargheit seiner gestrichenen Betonmauern wird lediglich durch wandernde Schatten belebt.

Für die unterschiedlichen Lichtverhältnisse im südlichen und nördlichen Europa gibt es historische Zeugen. Für die Kathedralen Italiens sind große, mit Fresken bemalte Wandflächen mit wenigen Fenstern typisch, da das Licht kräftig ist und die Sommerhitze gnadenlos, während sich in den großen Kathedralen des lichtärmeren Nordeuropa bunt verglaste Fenster zur vorherrschenden Kunstform entwickelten. Da das Licht in nördlicheren Breitengraden weniger krass ist, sollte man jede Gelegenheit ergreifen, es zu nutzen – mit durchbrochenen Mauern, offenen hölzernen Rankgerüsten, Paneelen aus Stahlgewebe und Glasbausteinen als Designelementen.

Farbe ist immer willkommen, doch im minimalistischen Garten sollte sie weder wild noch sentimental sein. Stattdessen sind neutrale oder dunkle

Die Interpretation: Formal reduziert

Angesichts der übermächtig aufragenden Ziegelmauer, die diesen Hofgarten teilweise umschließt, bringt die Gestaltung mit hell verputzten Wänden und poliertem hellem Kalksteinbelag Licht und Wärme in den Garten. Auf der Symmetrieachse ist ein glasklarer Wasserfall als Fokus angeordnet, der aus einem Briefkastenschlitz in der roten Zwischenwand vor der Rundbogennische austritt. Die immergrüne Bepflanzung aus Efeu, gestutztem Buchsbaum und Kirschlorbeer Prunus laurocerasus *'Otto Luyken' toleriert Schatten.*

Farbtöne oder schlichtes Schwarz oder Weiß ideal. Naturbelassenes, ungestrichenes Holz, Sandstein mit seinen Sedimentstreifen und versiegelter Beton sind neutrale Bodenbeläge von zurückhaltender Farbe – nicht monochromatisch, sondern je nach Material mit dezenten Farbabstufungen. Härteres metamorphes Gestein wie Marmor oder Schiefer kann vergleichsweise grell gefärbte Mineraladern enthalten. Beide passen zum formalen Minimalismus besser in gleichmäßigerer Färbung. Ein weißes, nur durch Blattgrün unterbrochenes Thema bewährt sich immer: Solch ein tadelloser Raum will regelmäßig und konsequent in Ordnung gehalten sein.

Was Pflanzen betrifft, so sind es graue Immergrüne, wie der schwertblättrige Neuseeländer Flachs *Phormium tenax*, das braune Ziergras *Carex buchananii* sowie eine mahagonifarbene Schwertlilie *Iris germanica*, die dem minimalistischen Garten zustatten kommen. Auch Pflanzen können ein Drama in Schwarzweiß inszenieren, wie weiße Lilien, die sich in einem silbrig verzinkten Metallbehälter über ein Meer von schwarzem Schlangenbart (*Ophiopogon planiscapus* 'Nigrescens') erheben.

Anstriche in Form von Farben und Lasuren (vgl. Teil 1, S. 22) können sparsam auf Holz und Beton Anwendung finden. Außer bei transparenten Lasuren ist dabei der Untergrund für den Garten weniger wichtig als die Farbe an sich. Die Erdtöne aus Römerzeiten, Ocker beispielsweise, sind sanft und willkommen, da sie den Naturtönen der Pflanzen verwandt sind und aufgrund ihrer Zurückhaltung in jedem Klima harmonieren. Eine kräftige, gesättigte Farbe dagegen kann im minimalistischen Garten zum beherrschenden Thema werden, wodurch jegliche Dekoration und pflanzliches Detail überflüssig werden. Licht und Schatten spielen mit intensiver Farbe, sie verändern sie im Laufe des Tages, und so genügt sie sich selbst. In dem blaueren Licht des Nordens verlangt kräftige Farbe nach einer einfühlsamen Hand, kann jedoch an grauen Wintertagen einen Hofgarten zum Leben erwecken.

Der zentrale Blickfang

Ein Garten sollte niemals so kompliziert gestaltet sein, dass das Auge keinen Ruhepunkt findet. Mehr als alle anderen jedoch sollte das Konzept des minimalistischen Gartens den Blick elegant direkt auf den zentralen Blickfang lenken. Legen Sie bereits in der Planungsphase den Standort für diesen Fokus fest – in direkter Blicklinie eines Fensters oder als unerwartete Überraschung beim Betreten des Gartens. Die unterschwellige Linienführung der Anlage gibt Hinweise auf einen guten Standort, wobei jegliche Konkurrenz durch andere dominierende Faktoren zu meiden ist.

Eine markante Form, die im Kontrast zu den Horizontalen und Vertikalen der direkten Umgebung steht, zieht grundsätzlich alle Aufmerksamkeit

ganz oben *Eine minimalistische Umgestaltung transformierte dieses traditionell erbaute Haus. Ein verglaster „Klostergang" blickt auf einen Innenhof von eleganter Schlichtheit, den der Architekt Seth Stein entwarf. Weder Pflanzen noch Ornamente lenken von seiner durchdachten Geometrie ab.*

darunter *Kaktussäulen stehen im Mittelpunkt des von Martha Schwartz entworfenen Hofraumes, den orange gestrichene Betonwände umschließen. Quadratische Fensteröffnungen durchbohren den Raum mit Lichtstreifen.*

Inspirierte Symmetrie

Dieser minimalistisch konzipierte Stadtgarten ist nach dem Grundsatz der Symmetrie angelegt; trotz seiner winzigen Ausmaße finden in ihm im Sommer sechs Dinnergäste Platz. Aufgrund der Platzbeschränkung ist der Raum mit wenigen ausschlaggebenden Details schlicht gestaltet; die Elemente sind ausgewogen eingebracht und die Bepflanzung ist pflegeleicht.

Der Bodenbelag besteht aus schmalen, hellen Kalksteinplatten, die parallel zum Haus verlegt sind; die Mörtelfugen sind Teil des Designs. Vier hohe Streben aus gestutzter Eibe – zwei auf jeder Seite – unterstreichen die Symmetrie der Anlage und legen die so wichtigen Raumabschnitte für Sitzgelegenheit und Brunnen fest.

In dem von Barbara Hunt entworfenen Kupferbrunnen rinnt Wasser aus Dreiecksschalen in ein Auffangbecken. Dieser Blickpunkt ist bewusst in der Mitte der Seitenmauer angeordnet: Befände er sich in der Mitte der dem Haus gegenüber gelegenen Wand, hätte der Garten an Tiefe verloren. Stattdessen wurden fünf äußerst schlanke Bäume, Ballerina-Zieräpfel, an der mittleren Wand aufgereiht; sie betonen die Symmetrie, ohne selbst in den Mittelpunkt zu treten.

FORMAL REDUZIERT: DER ZENTRALE BLICKFANG

ganz oben *Eine einzige herrliche Hanfpalme* Trachycarpus fortunei *kann als Blickpunkt eines minimalistischen Gartens genügen.*

darunter *Diesen kleinen von George Carter symmetrisch angelegten Garten kennzeichnet eine stark szenische Wirkung. Auf beiden Seiten bildet gestutzte Orangenblume* Choisya ternata *die Theaterkulissen, während ein Wasserbassin und eine dunkle Urne die Bühnenmitte beherrschen.*

auf sich. Auf einem großen Grundstück wird auf einem Rasenstück vor einer Formhecke eine einzelne Zeder zum traditionellen Blickpunkt; was in einem überladenen Garten nicht mehr als ein Detail wäre, wird so zur gefeierten Schönheit. In einem kleinen Hofgarten zieht ein wohl platzierter Sitz, eine Skulptur oder ein mehrstämmiger Baum sofort die Blicke auf sich. Als Fokus kann ebenfalls eine Gruppierung ähnlicher Objekte dienen oder aber der leere Raum zwischen gestaltenden Elementen – etwa ein Weg, den Hecken rahmen (vgl. S. 79).

Der Mensch braucht einen Platz zum Sitzen und Platz für Pflanzen; beide jedoch sollten so sorgfältig gewählt sein, dass sie sowohl durch ihre Form als auch ihre Funktion erfreuen. Eine bei einem plastischen Künstler in Auftrag gegebene Bank ist nicht billig, erfüllt im minimalistischen Garten jedoch als spannend gestalteter Sitzplatz eine Doppelrolle. Eine kostspielige Alternative ist eine Gruppe von Granitblöcken, die von einem Bildhauer entsprechend bearbeitet sind; eingepasste halbkreisförmige Sitze aus Beton oder Massivholz vermitteln eine ähnliche Wirkung für weniger Geld.

Geometrie muss nicht notwendigerweise alle Details des formalen Minimalismus beherrschen, doch sie ist ein hervorragender Gegensatz zur organischen Form von Skulpturen, natürlichen Gesteinsformationen oder, in mildem Klima, einem Olivenbaum. Ein übergroßes Gefäß, etwa ein riesiger Ölkrug, wirkt allein schon durch seine bauchige Gestalt; ohne Bepflanzung ist er Skulptur. Weit hinten im Garten platziert, zieht er alle Blicke auf sich. Bepflanzung kann ein Gefäß in einen hervorragenden Blickfang verwandeln. Hierfür eignen sich hohe Gräser, wie das wiederkehrende *Miscanthus floridulus*, das nach einem Rückschnitt im Spätwinter eine sommerliche Höhe von 3 m erreicht, und manche formschöne Sträucher wie der schmale immergrüne japanische *Ilex crenata* 'Fastigiata'. Mehrere Container mit gleicher Bepflanzung können zum Dreieck, zum Quadrat oder zur Reihe formiert werden.

Wie wir festgestellt haben, ist Größe ein Aufmerksamkeit erregendes Kriterium, und die Einbringung einer großen Skulptur in einen kleinen Raum kann erstaunliche Wirkung zeitigen. Auftragskunst ist für den eleganten formalen Garten perfekt, aber sehr teuer; man sollte daher nicht das „Fundstück" als Möglichkeit außer Acht lassen, welches durch kontrastierendes Material hervorsticht, immer vorausgesetzt, dass sich dies mit dem vollkommenen minimalistischen Raum vereinbaren lässt. Für den japanisch inspirierten Garten etwa bietet sich ein natürlich geformter Felsblock oder attraktiv verwittertes Holz an (vgl. S. 56).

Manchmal ist es die Spannung zwischen Pflanzen oder Objekten, welche die minimalistische Wirkung hervorbringt. Ein Felsstück beispielsweise

Nur über den breiten, mit einer abgerundeten Kante versehenen Mauerabschluss kann das Wasser so glatt in den tiefer gelegenen Teich überlaufen.

lässt sich als „Absprengsel" in einiger Entfernung von, aber dennoch mit inhaltlicher Verbundenheit zu einer Gruppierung anordnen und verleiht dadurch dem dazwischen liegenden Raum besondere Bedeutung. Ebenso können identische Bäumchen eine Spannung entstehen lassen, die den Minimalismus zum Thema hat. Da eine Vertikale immer ins Auge fällt, baut sich zwischen drei verteilt angeordneten säulenförmigen Bäumen ein starker Bezug auf, wobei die Aufmerksamkeit in dem umschlossenen Raum ruht.

Pflanzen können eine von Natur aus auffällige Gestalt haben, die belebend wirkt und den im Übrigen statischen minimalistischen Raum mit einem

Bezugspunkt ausstattet. Ein einzelner herausragender Bambus, wie *Fargesia nitida*, dessen Stangen 2-3 m hoch aufragen, wäre ein Star. Die frosttolerante Zwergfächerpalme *Chamaerops humilis* lässt exotische Obertöne anklingen. Die Gelbe Strauchpäonie (*Paeonia lutea* var. *ludlowii*) ist eine großlaubige Pflanze mit matten, tief eingeschnittenen Blättern, die im Frühjahr frischgrün neben hellgelben, mohnartigen Blüten leuchten. Die immergrüne Japanische Mispel *(Eriobotrya japonica)* mit ledrigem, glänzendem Laub lässt sich zu einem im kleinen Raum wirkungsvollen Kugelbaum stutzen; andere mögen einen Schattenbaum wie die Himalajabirke (*Betula utilis* var. *jacquemontii)* mit ihren weißen Stämmen bevorzugen. Mehrstämmige Bäume, wie in Teil 1 beschrieben, sind ebenfalls ein idealer Blickfang (vgl. S. 81).

Wo sich die Pflanzen nicht ausschließlich mit großen Containern begnügen sollen, muss im formalen Layout mit entsprechenden Bereichen vorgesorgt werden. Der Boden unter den Pflasterflächen lässt sich später nicht verbessern; Rigolen (tief pflügen) und Einarbeiten von nährstoffreicher organischer Materie verhelfen den Pflanzen zu einem guten Start.

Einbeziehen von Wasser

Das Prinzip des modernen Minimalismus kann eine ausgesprochen karge Wirkung haben; selbst geringe Wassermengen beleben einen solchen Garten. Ein stilles Spiegelbecken gleich welcher Größe verbreitet eine friedliche Atmosphäre; es holt das Licht des Himmels auf die Erde herab. Selbst die kleinste Bewegung, das geringfügigste Schwanken der Oberfläche, wird durch Lichtreflexe sichtbar gemacht.

Fließendes Wasser wirkt beruhigend. Im ausgeklügelten minimalistischen Garten fällt es als glasklarer Schwall herab oder gleitet sanft über eine schräge Schiefer- oder Stahlfläche. Ein tadelloses Wasserspiel kann teuer werden, wenn fachmännische Hilfe nötig ist. Doch einen kleinen Wasserfall können Sie für wenig Geld selbst konstruieren: Aus einem waagerechten Mauerschlitz tritt ein durchsichtiger Wasserschwall aus; die Pumpe ist hinter der Mauer verborgen (vgl. S. 53). Um den freien Fall des Wassers zu gewährleisten, ist ein dünner, hervorstehender Gießrand aus glattem, abgerundetem Plexiglas, glasierter Kachel oder Schiefer für den Schlitz nötig; eine Rille an seiner Unterseite verhindert, dass das Wasser sich zur Wand zurückzieht.

Kräftige Wasserstrahlen, ob sie nun aus dem Boden oder einer Wand hervortreten, bringen Klang und Luftbewegung mit sich. Ein einzelner Strahl, der in ein rundes Becken fällt, ist ein klassisch-schlichter Fokus und für relativ wenig Geld fertiggestellt. Eine Reihe hingegen oder ein Raster erfordert aufgrund des benötigten Wasserdrucks das Wissen des Fachmanns. Sammelt sich das Wasser am Rand in einem mit einem Gitter abgedeckten Kanal, so kann es unterirdisch in das Reservoir zurückgeleitet

Der breite Schlitz in der Edelstahlwand ist mit einem vorstehenden Gießrand versehen, damit das Wasser in einer transparenten Kaskade frei herabfallen kann. Das Wasserbecken säumt auf einer Seite ein Dreieck aus schwarzem Schlangenbart Ophiopogon planiscapus 'Nigrescens'.

Die Interpretation: Formal reduziert

und dem Kreislauf wieder zugeführt werden, ohne an der Oberfläche sichtbar in Erscheinung zu treten.

Bei der Frage nach der Wassermenge darf nicht vergessen werden, dass Wassergeräusche ebenso irritieren wie beruhigen können, und je größer die Fördermenge, desto größer der Lärm. Lassen Sie sich dadurch jedoch nicht von Ihrem Brunnen abhalten: Solange er nicht überdimensioniert ist, wird er zu einem schlichten, aber wirkungsvollen Gestaltungselement des minimalistischen Gartens. Lassen Sie sich bezüglich Art und Größe der Pumpe beraten. Das Wasserspiel lässt sich über eine Zeitschaltuhr regeln und die Pumpe zeitweilig abschalten.

Die Größe eines Brunnenelementes ist grundsätzlich dem Gartenraum anzupassen. Seine Form kann sowohl rund als auch rechteckig sein, passend zur Geometrie des Gartenraums. Ein „Miniaturkanal", der vom einen bis zum anderen Ende eines kleinen Hofgartens reicht, sollte sich den Hauptlinien des Gartens unterordnen. Schmale Rinnen, ähnlich wie die der alten maurischen Gärten, ergänzen mit ihrer starken Linearität den kleinen minimalistischen Garten. In einem größeren Raum lässt sich diese Idee zu parallelen Rinnen ausweiten, zwischen denen Zwergbambus in Reihen wächst.

Ein erhöhter Wassertrog kann mit einer äußerst schlichten, breiten Mauerkappe versehen sein, die gleichzeitig als Sitzgelegenheit dient. Dies passt gut in den begrenzten Raum, da es die Notwendigkeit für weitere Möblierung reduziert. In einem größeren, modern-eleganten Garten kann ein hohes Becken derart angelegt sein, dass das Wasser bis zum Überfließen an seinem exakt gleich hohen Rand steht und kontinuierlich übertritt. Die Oberflächenspannung lässt das Wasser an den Wänden herab in den Sammelkanal rinnen, der es dem Kreislauf wieder zuführt.

Die Größe der Wasserfläche wirkt sich direkt auf die Kosten aus. Für den kleinen minimalistischen Garten gibt es erschwingliche Wasserspiele mit einer kleinen Pumpe in einem geschlossenen Wasserkreislauf. Hierzu zählen durchbohrte Steine, über die das Wasser herabrinnt, oder eine Anordnung senkrechter Metallrohre, aus denen das Wasser austritt. Eine metallische silbrige Kugel, von einem Wasserfilm permanent bedeckt, ist ebenfalls wirkungsvoll. Das Wasserspiel muss unbedingt wasserdicht sein; im minimalistischen Garten ist die Beachtung solcher Details von besonders großer Bedeutung. Hierzu wird entweder eine versiegelte Betonwanne hergestellt oder aber das Becken mit spezieller Teichfolie ausgekleidet. Die Kosten sind vergleichbar und beide Methoden gleich verlässlich, solange nicht die Gefahr besteht, dass die Folie durch unsachgemäße Handhabung Schaden nimmt. Nähte sind sorgfältig zu verschweißen und die Ränder unter dem angrenzenden Bodenbelag zu verbergen. Im eleganten formalen Garten zeigt das wohlgefüllte Wasserbecken außerdem nie eine Niedrigwassermarke.

Die Einbindung des Hauses

Wir haben bereits gesehen, dass das Konzept des minimalistischen Gartens mit der modernistischen, durch gerade Linienführung und neue Baumaterialien gekennzeichneten Architektur des 20. Jahrhunderts entstand. Sein Prinzip der funktionalen, eleganten Schlichtheit bietet sich ganz besonders für den kleinen modernen Hofgarten an, lässt sich aber ebenso gut im größeren und anders zugeschnittenen Garten umsetzen.

Der Gartenentwurf nach modernen, zurückhaltenden Prinzipien kann durch das dazugehörige Gebäude in Bedrängnis geraten, da dieses nicht unbedingt besonders schlicht ist. Im tatsächlichen Leben ist das minimalistische moderne Haus mit passendem Garten eine Art Wunschtraum. Viele Häuser sind alt; während des letzten Jahrhunderts imitierten ihre Gärten meist große historische Gartenanlagen, was häufig recht gekünstelt wirkte, da diese sich nicht ohne Weiteres erfolgreich verkleinern lassen. Dessen eingedenk sollte der Modernismus in stärkerem Maße eingebracht werden, wobei die historische Bezugnahme als Quelle der Inspiration bestehen bleibt.

Die Linien des zum modernen Haus gehörigen Gartens lassen sich leichter festlegen, da die Struktur sich klarer abzeichnet, wenn das Haus nach einfachen geometrischen Prinzipien entworfen ist. Ein ganz wichtiges Merkmal moderner Gebäude sind die großen, schlichten Fenster, die Haus und Garten während des ganzen Jahres mit einer Transparenz verbinden, von der man früher nur träumen konnte. Weit geöffnete Schiebetüren lassen Innen- und Gartenraum miteinander verschmelzen. Ein einheitlicher Bodenbelag für Innen- und Außenbereich, wie Kalksteinplatten oder Kacheln, lässt die Trennlinie weiter verschwinden. Die wenigen Pflanzen sollten durch ihre markante Architektur hervorstechen. Die Gartenaufteilung kann die Innenaufteilung durch vergleichbare Proportionen anklingen lassen, beispielsweise mit Einfassungsbuchs als Begrenzung. Auch Wasser sollte schlicht eingebracht werden – ein glasklarer Wasserfall nimmt die Glasflächen des Hauses wieder auf.

FORMAL REDUZIERT: DIE EINBINDUNG DES HAUSES

gegenüber *Neu und alt können sehr wohl zueinander passen, wie hier deutlich wird, wo die einfache Geometrie der mit flachen Kopfsteinen gepflasterten Pfade das „Wildpflaster" der Hausmauer aufnimmt. Der geharkte dunkle Kies auf den Rechteckflächen hingegen weist deutliche orientalische Züge auf, die der junge, von Moos umringte Bambus noch unterstreicht.*

In diesem von Seth Stein passend zu der kompromisslos modernen Betonarchitektur konzipierten Hofgarten dienen weißes Gletschergeröll und eine hölzerne Tischplattform als einziger Texturkontrast. Der stilisierte Beton-„Pavillon" auf dem Dach und die schrägen Lamellen der Überdachung, die über die Veranda hinaus in den Gartenraum ragt und den Einfall von Licht und Schatten reguliert, sind moderne Variationen eines klassischen Themas. Die halbtransparente Glaswand bekräftigt die Verbindung von Haus und Hof.

Japanisch zurückhaltend

Dieses im Wesentlichen schlichte Design hat dem klassischen japanischen Garten viel zu verdanken. Durch Schiebetüren tritt man auf ein Holzdeck aus unterschiedlich breiten Planken. Eine sehr dicht und rund gestutzte, rot blühende *Kurume-Azalee*, Rhododendron 'Hinode-giri', wächst so nah beim Deck, dass sie es teilweise überdeckt. Ein Pfad aus Waschbetonplatten mit Kiesfugen führt neben einer Bambuspflanzung *(Pleioblastus viridistriatus)* zu einem L-förmigen Wasserbassin. Drei Betonplatten überqueren das Wasser zu einer Granitbank unter einer Gelben Alpenrose *(Rhododendron luteum)*; der duftende Strauch erreicht eine Höhe von 4 m. Neben den Trittsteinen setzt Zwergrohrkolben Typha minima die Linie des Bambus fort.

Den größten Teil des Gartens bedeckt Feinkies; nur im hinteren Bereich übernimmt eine nicht ganz immergrüne Bodendecke aus Bubikopf *(Soleirolia soleirolii)* die Rolle weicher Moospolster. Eine Rasenkante sorgt dafür, dass er sich nicht über die geschwungenen Linien hinaus ausbreitet. Den Edelstahlrand des in den Boden eingelassenen Beckens unterbricht ein flacher Felsen, der in dynamischer Verbindung zu einem zweiten Stein gleicher Größe steht und dem ruhigen Garten eine gewisse Spannung verleiht. Die tiefpurpurn blühende Clematis 'Warszawska Nike' hinter dem zweiten Stein übernimmt nach den Azaleen die Blüte. An drei Stellen bedecken die Schwimmblätter der roten Seerose *Nymphaea* 'Froebeli' die Wasseroberfläche. In der Tiefe sorgt Quellmoos *Fontinalis antipyretica* für die Sauerstoffanreicherung des Wassers.

FORMAL REDUZIERT: DIE EINBINDUNG DES HAUSES

Die Aufgabe, einen modernen, formal-minimalistischen Gartenstil mit einem älteren Haus in Einklang zu bringen, lässt sich durch die Herausarbeitung von Linien, Proportionen und Größenverhältnissen des bestehenden Bauwerks angehen (vgl. Foto S. 137). Ignorieren Sie schmückende Details; lassen Sie das „Knochengerüst" der Hauskonstruktion das Format des Gartenplanes bestimmen. Nehmen Sie die Breite der Fenster und Eingänge auf, indem Sie diese Linien im rechten Winkel vom Haus fortführen und so passende Proportionen festlegen. Durchkreuzen Sie diese mit parallel zum Haus laufenden Linien; die hieraus resultierenden ansprechenden Räume werden zur Grundstruktur des Gartens. Viele dieser „Linien" bleiben unsichtbar, doch zueinander in Beziehung stehende Pflanzen und Gestaltungselemente, deren Platzierung sich an den Linien orientiert, lassen die zugrunde liegende Struktur erkennen. Im Idealfall sollten die verwendeten Materialien denen des Hauses entsprechen, doch viele ältere Häuser bestehen aus Klinker, der für den minimalistischen Garten nicht das geeignetste Material ist, da man ihn mit ländlichen und romantischen Gärten assoziiert.

Legen Sie einen sonnigen Sitzplatz fest und unterteilen Sie den übrigen Raum mit klar sichtbaren oder versteckten Linien deutlich in einen Essbereich, einen Pflanzbereich und einen Bereich mit weitem Blick. Alles Unwesentliche – Gartengeräte, Reservestühle, leere Gefäße – sollte unsichtbar bleiben, vielleicht hinter einer Mauer oder einem kleinen, in das Design passenden Bauwerk. Vergessen Sie nicht die Bedeutung des leeren Raumes – halten Sie alles Detail aus ihm heraus. Es ist unnötig, ihn mit Blumen, Kübeln, Sitzgelegenheiten und Mustern zu füllen, da er so, wie er ist, erfreut; er impliziert Freiheit und Offenheit. Wie auf einer Waldlichtung findet man hier Entspannung. Prunklose Oberflächen unterstreichen den klaren Stil; einzelne Bereiche werden durch formale Reihenpflanzungen, wie geschnittene Buchshecken oder immergrüne Liriope muscari, definiert. Der entscheidende Fokus kann eine ganz schlichte Besonderheit am Endpunkt einer unsichtbaren Linie sein.

Dachgärten Hoch über dem Boden ist ein Dachgarten dem Himmel, dem Licht und den Elementen umso näher. Keine Architektur übt hier ihren Einfluss aus, und mit einer derart freien Hand und unter Berücksichtigung der begrenzten Tragfähigkeit ist der Dachgarten der ideale Kandidat für den gepflegten Minimalismus.

Bevor Sie sich an die Planung eines Dachgartens begeben, müssen Sie sich mit einem Statiker in Verbindung setzen. Die stabilste Statik weist eine Dachfläche normalerweise am Rand und direkt über den Trägern auf. Der Unterbau für den Bodenbelag kann an diesen Stellen befestigt werden, die sich ebenfalls für die Platzierung von Pflanzcontainern anbieten, wodurch

oben links *In diesem Garten nimmt Ron Herman minimalistischen Bezug auf einen Schachbrettgarten aus Moos und Stein, den er in einem Zen-Tempel in Kioto, Japan, entdeckte. Das exakte Raster füllen runde Kiesel und hellgrüner Bubikopf aus.*

oben rechts *Dieser moderne Hausgarten, ein winziges Atrium, steht ganz unter dem Einfluss japanischer Zurückhaltung. Wasser plätschert von einem Wandspeier aus Edelstahl in ein aus Glasbausteinen gemauertes Becken.*

Isabelle Greene entwarf diesen Garten von minimalistischer Eleganz, den die asymmetrische Formalität japanischer Gärten charakterisiert. Es finden sich nur wenige Pflanzen; für Belebung sorgt ein „Bach" aus feinem grauem Strandkies, der die erdrote Kieslandschaft mit vier geduckten Felsen durchquert. Kugelrunde Tongefäße und eine hohe „Kaffeekanne" auf Betontischen übernehmen die Rolle von Skulpturen.

gegenüber oben *Sonnensegel werfen ihre Schatten auf den holzbeplankten Dachgarten. Der niedrige Tisch und die Sitzpolster aus Binsen bringen gemeinsam mit dem Sichtschutz aus schmalen Holzlatten einen Hauch von Orient.*

gegenüber unten *Die Schönheit der polierten Steinflächen steht im Kontrast zu den Wogen aus grobem Kies, aus denen sich die Felsen wie driftende Kontinente erheben. Dieser beschauliche Garten steht stark unter dem Einfluss der klassischen Gärten Japans.*

die Mitte frei bleibt – ein weiterer Pluspunkt des formalen Minimalismus. Als leichter Bodenbelag kommen Holzplanken oder Kunststoff-Fliesen in Frage. Elemente aus Aluminiumgitterwerk dienen als Laufsteg über störende niedrige Mauern und ähnliche Unterteilungen.

Der Witterungsfaktor wiegt auf dem Dach stärker und beeinflusst auch die Pflanzenwahl, selbst bezüglich der „Sommergäste". Die Wahl einiger weniger wohl geformter Pflanzen verleiht auch dem Dachgarten seinen Mittelpunkt. Riesiges Pampasgras (Cortaderia sp.) in breiten, tiefen Gefäßen ist ideal, da es dem stärksten Wind standhält. Als Schutz vor gnadenloser Sommerhitze sind Sonnensegel und Markisen unschätzbar, und zwar zum Wohl von Menschen wie Pflanzen. In stürmischeren Gegenden lässt sich die Sonnenglut durch eine unberankte Holz- oder Aluminiumpergola filtern.

Der japanische Einfluss

Die unregelmäßige Formalität der Gärten im japanischen Kioto wird als leuchtendes Beispiel der Moderne hochgehalten. Die alte Tradition elementarer Schlichtheit ist von eindringlicher Formalität und genießt unter Designern und modernen Architekten großen Einfluss, denn sie kommt der vornehmen Eleganz der Glas-, Beton- und Stahlarchitektur ausgesprochen entgegen. Japanische Gärten sind im Streben nach einer Philosophie der spirituellen Ausgewogenheit bis in die letzte Feinheit manipuliert. Jedes Objekt, ob lebendig, mineralischen Ursprungs oder von Menschenhand gemacht, wird sowohl in seiner Eigenständigkeit als auch als Repräsentant einer übergeordneten Landschaft gewürdigt. Kostbarer, frei gelassener Raum steht für das Fließen der Natur, für Flüsse und Meere: unregelmäßig geformt, doch mit beziehungsreicher Textur (z. B. Kies) und mit sehr wenigen, perfekt gepflegten, gestaltenden Elementen. Im buddhistischen Garten werden die Regeln mit äußerster Sorgfalt befolgt und eine Ästhetik erstellt, die immer den Eindruck müheloser Eleganz hinterlässt; ein weiteres hervorstechendes Merkmal ist seine Zurückhaltung. In der westlichen Welt hat sich hieraus keine Philosophie, aber dennoch ein Gartenstil entwickelt.

Ein einfacher kontemplativer Garten kann ganz ohne Pflanzen angelegt werden, wenn man stattdessen exzellente Materialien wählt und äußerst detailgenau verarbeitet. Ein Beispiel: Vor einer verputzten Betonmauer als Hintergrund werden wenige exakt geometrische Steinplatten aus Travertin zusammen mit raueren Sandsteinplatten in einem „Meer" aus Kies verlegt. Wasser dient als einziges belebendes Element, begleitet von ausdrucksstarken Felsblöcken, die entweder gruppiert oder über die leere Mitte hinweg visuell verbunden sind.

Kies wird im japanischen Garten viel gebraucht, und der minimalistische Garten greift dieses auf. In der Kultur Japans dient das Harken des Kieses als symbolische Handlung; der Garten selbst ist lediglich Objekt der Betrachtung. Im modernen westlichen Garten wird der Kies dagegen begangen; wie Wasser umfließt er die Gartenanlage. Trittsteine können der Bequemlichkeit dienen und die Fläche aufbrechen, doch die Farbe beider Materialien sollte einheitlich sein. Ein seitlich der Mitte angeordneter Fokus repräsentiert die Ruhe inmitten der weiten See; ein Pflanzensolitär bietet sich hierfür an, etwa ein mehrstämmiger, 9 m hoher Katsurabaum (Cercidiphyllum japonicum) mit schön gerundeten Blättern, ein beeindruckender aufrechter Felsblock oder eine kühne Skulptur.

Zeit ist heute für viele Menschen zum Luxusgut geworden, und die Zahl derer, welche die Muße haben, den Garten als körperliches Vergnügen und Hobby zu genießen, hat weiter abgenommen. Viele moderne Gärten sind daher wie eine Designer-Küche angelegt – zweckmäßig, pflegeleicht und das ganze Jahr schön anzusehen. Es gibt gute Gründe, einen festen, formalen Rahmen aus Stein und immergrünen Pflanzen zu schaffen und daneben Platz zu lassen für vergänglichere Pflanzungen, die entweder den Wechsel der Jahreszeiten deutlich machen oder eine vollkommene charakterliche Neugestaltung im folgenden Jahr ermöglichen. Das Farbschema ließe sich immer wieder neu definieren – ein Jahr düster und gedämpft, das nächste hell leuchtend. In vielerlei Hinsicht ist dies der am stärksten regulierbare Garten, mit schnellem Resultat und verlässlichem Show-Effekt. Jedes Jahr neue Pflanzen zu kaufen und sie als Wegwerfware zu betrachten, kann das Gärtnern allerdings teuer machen, beruht doch der untadelig formale Stil vieler moderner Gärten auf ausgewachsenen, stets perfekten Pflanzen.

Einjährige Purpur-Prunkwinde (Ipomoea purpurea) *ist ein dankbarer Schlinger; hier verzaubert sie einen Sommer lang eine einfache Drahtpergola.*

Innerhalb des bleibenden Pflanzgerüsts, das der Gartenanlage als formaler Hintergrund dient, können ausgewählte Bereiche für jahreszeitlich wechselnde und sommerliche Effekte offen bleiben. In einem kleinen Garten etwa braucht der dauerhafte Rahmen nichts weiter zu sein als ein immergrüner Wandschirm aus beispielsweise Feuerdorn oder Andenstrauch (Escallonia), die als flaches Spalier die Umfriedung mit leuchtendem Grün verkleiden.

Bäume ergänzen einen ansonsten flächigen Raum durch Höhe und schattige Bereiche. Winter- wie sommergrüne Sträucher legen Formen und Bereiche fest, säumen Wege, schaffen Symmetrie und schirmen den Wirtschaftsbereich des Gartens ab. Innerhalb eines solchen Gerüsts werden die frei gebliebenen Kies- oder Erdbeete zunächst mit Frühlingszwiebeln gefüllt; nach der Blüte werden diese durch Einjährige oder nicht winterharte Stauden ersetzt, die vom Frühjahrsbeginn bis zum Spätherbst blühen und danach selbst verworfen werden.

Empfindliche Hauspflanzen, die zur Sommerfrische nach draußen gebracht werden, versenkt man mitsamt ihrem Topf in der Erde und wechselt sie aus, sobald ihre Attraktivität nachlässt. Hierfür benötigt man allerdings ein kleines Gewächshaus oder einen Wintergarten, wo diese Pflanzen das übrige Jahr verbringen.

Im Wechsel der Jahreszeiten

Gestutzte Immergrüne setzen einen bleibenden Rahmen; sommergrüne Pflanzen hingegen werfen ihr Laub ab, und der Garten verändert ständig sein Gesicht. Im Hochsommer haben das Laub der Sträucher und manche Stauden bereits an Glanz verloren, sie wirken müde und staubig. Wer jedes Jahr neu Zwiebeln und Sommerblumen pflanzt, sieht im Garten Lebendigkeit und Lebenskraft garantiert. Wählen Sie Sommerblumen, die mit langer Blütezeit und schönem Blattwerk aufwarten, und der Garten wird während der drei oder vier Sommermonate vor Farbe sprühen.

Schönes Laub, das den immergrünen Hintergrund farbig aufwertet, findet sich bei der Roten Gartenmelde (Atriplex hortensis var. rubra) und dem silbrigen, begrenzt frostharten Greiskraut (Senecio cineraria), einer Staude, die als Einjährige gepflanzt wird. Für sommerliche Blütenwirkung ist die Auswahl groß – blaupelziger Leberbalsam (Ageratum houstonianum) für skandierenden Rhythmus. Australisches Gänseblümchen (Brachycome iberidifolia) für Rasterpflanzung und intensiv violette Sonnenwende (Heliotropium) für bodendeckende Massenpflanzung. Setzen Sie hierzu Kontraste mit hohem Ziertabak (Nicotiana), leuchtenden Zinnien und, im Schatten, mit den unschätzbaren Australischen Fleißigen Lieschen (Impatiens x hybrida), vor allem den weißen Spielarten. Geht der Sommer zur Neige, werden diese Blumen durch Frühlingszwiebeln ersetzt.

Rasche Effekte und bleibende Schönheit

Wechselnder Inhalt

In diesem von Victor Shanley raffiniert angelegten Garten unterteilt ein Rastermuster aus Ziegeln das Pflaster in Quadrate. In einer Reihe finden sich buchsgesäumte Beete mit Buchskugeln; daneben sind würfelförmige Holzkästen mit Formgehölzen aufgereiht. Die dunklen Eiben der Grenzhecke und der hellgrüne Buchsbaum des inneren Gerüsts garantieren ganzjährige Beständigkeit. Doch verleihen Sommerblumen und Zwiebelblüher in den quadratischen Beeten und den Seitenrabatten dem Garten ein wechselndes Gesicht. Im Frühjahr leuchten weiße Zwiebelblüher wie die Tulpe *Tulipa* 'White Triumphator' oder *Narcissus* 'Glacier' (40 cm), deren elegante Blüte eine schmale, gekrauste Nebenkrone kennzeichnet (rechts). Die malvenviolette lilienblütige Tulpe *T.* 'Ballade', 55 cm hoch, sorgt mit anmutig zurückgebogenen Blütenblättern im Spätfrühling für Farbe. Für den Sommer bietet sich die duftende Nankinglilie *(Lilium x testaceum)* an, obgleich sie bei einer Höhe von 120 cm die Buchskugel in der Mitte verbirgt.

Zwiebelblüher Die winterliche Leere ist von betörendem Zauber; der Garten wirkt viel weiträumiger als sonst. So lassen sich die Zwiebelblüher des Frühjahrs hervorragend zur Schau stellen. Zu ihnen zählen Pflanzen mit Zwiebeln, Knollen, Wurzelstöcken und Rhizomen; hierbei handelt es sich um Energiespeicher an der Pflanzenbasis, aus denen die neuen Pflanzen hervorgehen. In einem zeitgenössisch-modernen Umfeld ist die naturnahe Gruppenpflanzung zu vermeiden; reglementierte Reihen oder Blütenteppiche sind hier vorzuziehen.

Die flächendeckende Massenpflanzung ist durch eine eigene Formalität gekennzeichnet; sie erinnert an die farbigen Kiesflächen, die einst das Parterre füllten. Die meisten Zwiebeln sind als permanente Bepflanzung gedacht, da sie – im Gegensatz zu Sommerblumen – das ganze Jahr im Boden verbleiben können. Das Buschwindröschen *Anemone nemorosa* 'Robinsoniana' bildet im zeitigen Frühjahr einen 10 cm hohen hellblauen Blütenteppich über lange haltbarem fiedrigem Laub. Die etwas höheren weißen, blauen und rosa Sorten der Berganemone *(Anemone blanda)* gedeihen wie auch das Buschwindröschen hervorragend im Schatten. In der Sonne lässt sich die gleiche erfreuliche Wirkung mit Krokussen erzielen – weißer Holländischer Riesenkrokus *(Crocus vernus*, 10 cm) 'Jeanne d'Arc', violetter 'Remembrance' und elfenbeinfarbenen 'Cream Delight' verwandeln den Boden in ein buntes Tuch.

Diese Flächenwirkung lässt sich auf zweierlei Weise fortsetzen. Eine Möglichkeit besteht darin, flachwurzelnde Einjährige als Samen direkt auszubringen, beispielsweise Kapuzinerkresse *(Tropaeolum* 'Moonlight' oder tiefrote *T. majus* 'Empress of India'), deren runde Blätter einen dichten Teppich bilden. Alternativ lässt man die Zwiebelblüher durch eine Bodendecke aus Kleinem Immergrün *(Vinca minor)* oder Waldmeister *(Gallum odoratum)* wachsen, die beide in lichtem Schatten gedeihen, oder – an vollsonnigem Standort – durch dicht gepflanztes Sonnenröschen Helianthemum 'Amy Baring', dessen Blüten im Sommer erneut für Farbe sorgen.

Für eine formalere, stärker reglementierte Wirkung ordnen Sie hoch aufrechte Pflanzen in Reihen an, die im Frühjahr die Linienführung des Gartens betonen. Tulpen sind für diesen Zweck an einem sonnigen Standort unübertroffen. Sehen Sie sich nach den eleganten lilienblütigen Formen um – 'White Triumphator', dottergelbe 'West Point', hell apricotfarbene 'Sapporo' und die violette 'Ballade', deren Blütenblätter kräftig weiß gesäumt sind. Diese Tulpen werden etwa 55 cm hoch. Dunkle Blütenfarben sind im sehr formalen oder minimalistischen Garten oft genau richtig – versuchen Sie es mit kastanienroter 'Havran', nahezu schwarzer 'Queen of Night' oder kardinalroter 'Ile de France', die alle ein wenig höher werden. Tulpen sind unter den Zwiebelblühern die Ausnahme – im zweiten Jahr sind sie selten so verlässlich wie im ersten. Für eine perfekte Frühjahrsschau ist es daher sinnvoll, diese Zwiebeln alljährlich nach der Blüte herauszunehmen und durch neue zu ersetzen.

Die imposante Kaiserkrone (*Fritillaria imperialis*, 60-90 cm) trägt einen ungewöhnlichen Blütenstand von solcher Eleganz und Farbigkeit, dass man sie beinahe den Exoten zuordnen möchte. In gut durchlässigem, sonnigem Boden erhebt sie auf ihrem einzigen kräftigen Stiel einen Kranz aus riesigem mahagoniroten, orangegelben oder goldenen Blütenglocken, den ein Büschel schmaler Hüllblätter krönt. Mit dieser Pflanze sind Schaueffekt und Rhythmus garantiert.

Später im Jahr treten die Lilien und Zierlauch-Arten in den Vordergrund; ihre Blütezeiten sind über die Sommermonate verteilt. Lilien tun sich durch Duft und elegante Trompetenblüten hervor; die meisten mögen Sonne und durchlässigen Boden. Zu ihnen zählt die weiße, betörend duftende *Hybride Lilium* 'Costa Blanca', die bis 120 cm hoch wird, die 'Citronelle'-Gruppe der Asiatischen Hybriden mit gefleckten, leuchtend gelben, nickenden Blüten und die moschusduftende 'Pink Perfection'-Gruppe, bei der sich bis zu 30 Blüten am 150 cm hohen Stiel finden. Sie alle bieten einen fesselnden Anblick. Für Schattenbereiche gibt es die Türkenbundlilien in sanftem Orangebraun und in Weiß (*Lilium martagon* und *L. m.* var. *album*, 1–2 m). Sie vermehren sich über die Jahre, ihre zurückgebogenen Blüten sind jedoch von weit bescheidenerer Erscheinung als die der oben genannten Hybriden.

Zierlauch harmoniert durch seine kräftige Gestalt perfekt mit dem formalen Garten. Das Trommelschlegelende des Riesenlauchs *Allium giganteum* steht 120 cm hoch; Hunderte winziger fliederfarbener Blüten bilden eine perfekte Kugel auf seinem einzigen Stängel. In voller Sonne kann dieser Zierlauch als Wegspalier dienen oder einen Laubengang flankieren. Der niedrigere Sternkugellauch (*Allium christophii*, 60 cm) trägt noch größere Blütenkugeln. Im Gegensatz zu den nachlassenden Tulpen vermehrt sich Zierlauch von Jahr zu Jahr.

Das spitz zulaufende buchsgesäumte Parterre füllen ganzjährig gestutzte Buchskugeln, doch für Frühjahrsfarben in Gestalt von roten und rosa-weißen Tulpen bleibt immer noch Raum.

Die Interpretation: Rasche Effekte

Einjährige, Zweijährige und empfindliche Stauden Einjährige Pflanzen führen ein kurzes, aber sehr ausgefülltes Leben: Innerhalb einer einzigen Saison müssen sie zur Blüte kommen und Samen bilden, und ihr Schauspiel ist oft schwer zu überbieten. Auf unkrautfreiem, gehacktem und fein geharktem Boden ausgebrachte Saat von frostverträglichen Einjährigen wie Clarkia, Hainblume (Nemophila), Malve und Jungfer im Grünen (Nigella) überzieht vor unseren Augen den Boden mit zartem Grün. Zweijährige benötigen etwas mehr Zeit und werden daher ein Jahr vor der Blüte gesät, wie Muskatellersalbei (Salvia sclarea) und Islandmohn (Papaver nudicaule). Selbst im Herbst oder Frühjahr angezogene oder gekaufte frostempfindliche Ein- und Zweijährige werden nach dem letzten Frost ausgepflanzt.

Eine Alternative zu zeitaufwändigem Säen und Vereinzeln bietet im Frühjahr der Kauf von fertigen Setzlingen, die man nur noch auszupflanzen braucht. Die Auswahl ist relativ begrenzt, doch der Erfolg kommt leichter; setzen Sie sie so dicht, dass später kein Boden frei bleibt. Richten Sie sich nach den klimatischen Gegebenheiten Ihres Wohnortes, damit Sie die empfindlichen Pflänzchen keinem späten Frost aussetzen.

Die zweijährige weiß blühende Form des Silbertalers *Lunaria annua* 'Alba Variegata', im Herbst gepflanzt, erzielt als Gruppe in leichtem Schatten große Wirkung, und die Kosmee ist eine sonnenhungrige Einjährige, die vom Sommer bis in den Herbst hindurch blüht. Niedrige Tagetes (*Tagetes patula* und *T. tenuifolia*) sorgen für leuchtende Textur in Bodennähe. Die mahagonirot gestreifte *T. patula nana* 'Mr. Majestic' und die rostrote *T. patula* 'Cinnabar' bedecken sonnige Lagen mit einem 30 cm dicken Teppich. Die bewährten zweijährigen Bartnelken dagegen sind höher und von kühlerer Farbe, wie *Dianthus barbatus* 'Indian Carpet' in einer Mischung von Pink und Weiß und die samtige, schokoladig-rote *D. barbatus* 'Sooty'.

Sommerliche Farbenpracht und Textur

Galvanisierte Stahlcontainer sind ganzjährig mit immergrünem Schwarzrohrbambus (*Phyllostachys nigra*) bepflanzt; der neue Sommer wird in dem Beet eingeläutet, das zu ihren Füßen aus dem Deck ausgespart wurde. Hübscher Islandmohn (*Papaver nudicaule*) sorgt für duftige sommerliche Farbtöne; die Staude gedeiht gut auf dem Mulch aus Schiefergeröll. Kräftiger treten Einjährige hervor, die heiße Bedingungen mögen. Wie Farbkleckse wirken der grazile rote Staudenlein *Linum rubrum* (unten links) und die noch auffälligere, polsterbildende *Gazania* 'Talent' (Mitte) mit ihren leuchtenden Margeritenblüten. Beiden kommt eine heiße, trockene Lage entgegen; sie blühen im Hochsommer. Ein zurückhaltenderer Kandidat wäre das horstbildende einjährige Hasenschwanzgras (*Lagurus ovatus* 'Bunny Tails', rechts), das bis in den Herbst hinein weiche weißblonde Ähren trägt.

Selbst hohe, architektonische Sommerblumen wachsen in einer Saison heran, wie riesige Sonnenblumen *(Helianthus)* für die Sonne und Fingerhut-Sorten *(Digitalis)* für lichten Schatten. Inzwischen gibt es spektakuläre Zuchtformen der Sonnenblume, unterschiedlich in Wuchshöhe, Blütendurchmesser, Textur und Farbe. Die sehr helle *H.* 'White Delight' trägt eine einzige sahnefarbene Blüte auf 150 cm hohem Stiel, 'Velvet Queen' ist von dunklem Venezianischrot und ebenso hoch, und *H. annuus* 'Sunspot' blüht gelb mit 60 cm Durchmesser. Außerdem gibt es gefüllte und verzweigte Sorten, doch für den zeitgemäßen Garten sind die einfacheren Formen am besten. In einem minimalistischen Garten an einer weißen Wand entlang aufgereiht ist ihre Wirkung fröhlich und nachhaltig zugleich.

Die altbekannte ungefüllte Stockrose *(Alcea rosea)* bringt an sonnigem Standort einen Blütenstand hervor, der in der zweiten Sommerhälfte eine Höhe von 2 m erreichen kann. Leider sind ihre rundgelappten Blätter anfällig für Rost, was die Perfektion des formalen Gartens stören kann. Lassen Sie die Stockrosen vor einem massiven Holzzaun in einer Reihe antreten, oder gruppieren Sie sie mit rundlichen Steinen als Blickfang. Der weiße Fingerhut *(Digitalis purpurea f. albiflora)* ist eine Staude, die man am besten als Zweijährige zieht, indem man jedes Jahr neue junge Pflanzen setzt. In einem Garten von reduzierter Perfektion wirkt diese Pflanze als Weichzeichner.

Da Abstinenz unter einst pflanzwütigen Gärtnern das neue Schlagwort ist, zeichnet sich die Bepflanzung des minimalistischen Kiesgartens durch zurückhaltende Schönheit aus. Ideal geeignet aufgrund ihrer frühen Blüte und leichten Aussaat sind einjähriger Goldmohn *(Eschscholzia californica,* 30 cm) und Gartenmohn *(Papaver somniferum,* 75 cm); die Pflanzen werden nach Bedarf ausgedünnt, um eine ausgewogene Gewichtung von lebhafter Bepflanzung und freier Fläche zu erzeugen. In einem Garten, dessen Farbe auf Schattierungen von Weiß reduziert ist, bietet sich für eine besonnte Kiesfläche eine 60 cm hohe Bodendecke aus einjährigem Bärenohr *Arctotis fastuosa* 'Zulu Prince' an; die weiße Kosmee *Cosmos bipinnatus* 'Sonata White' wirkt mit ihrem gefiederten, moosgrünen Blattwerk weicher.

Viele frostempfindliche Stauden aus heißen Ländern lassen sich in gemäßigten Klimazonen als Sommerblumen ziehen. Manche Salbei-Arten zeichnen sich durch exquisite, aparte Blüten in leuchtendem Violett und Blau aus. Der Mehlige Salbei *Salvia farinacea* 'Victoria' bringt 45 cm hohe, kobaltblaue Blütenähren hervor; die Variante des Muskatellersalbeis *S. sclarea* var. *turkestanica* blüht bis zum Herbstbeginn spektakulär rosa, weiß und himmelblau – wunderbar zu Umfriedungen und Zwischenwänden aus poliertem Stahl, spiegelndem Glas oder durchscheinendem Polycarbonat.

Pflanzen von intensiv dunkler Färbung bewähren sich gut im zeitgemäßen Garten. Hier reckt eine strauchige Purpurweide Salix purpurea **'Gracilis'** *dem Betrachter ihre dunkel zinnvioletten Blätter entgegen. Daneben erheben sich gleich zwei Exemplare des Fächerahorns* Acer palmatum **'Versicolor'** *über Blauschwingelgras* Festuca glauca; *die sommerliche Beigabe roter Fleißiger Lieschen vervollständigt das Farbenspiel.*

Exotische und skulpturale Solitärpflanzen

Angesichts der Klimaveränderungen wird die Verwendung frostempfindlicher „Exoten" zu einer spannenden Möglichkeit. Die „Exotik" ist natürlich eine Frage des Blickwinkels; in Arizona würde Wiesenkerbel darunter eingeordnet. Im Allgemeinen versteht man unter diesem Begriff jedoch auffallend geformte, großlaubige Pflanzen, die häufig aus subtropischen Klimaten stammen. (Exotische und architektonische Pflanzen sind ausführlicher in Teil 1 besprochen.) Sie wirken in einer modernen, rein formalen Umgebung vor schlichtem Hintergrund und unaffektiertem Bodenbelag ausgesprochen attraktiv.

Die Effekte, die sich mit ihnen erzielen lassen, können ganz unterschiedlich sein. Mit der frostverträglichen Hanfpalme (vgl. S. 73) in Alleepflanzung lässt sich das lineare Grundgerüst für eine größere Gartenanlage festlegen. Die bedingt frostverträgliche Zwergfächerpalme kann richtungweisendes Stilmittel sein oder die immergrüne Rolle in einer ganzjährig wirkungsvollen Gruppierung übernehmen. Vielleicht steht Ihnen der Sinn nach purer Dramatik für einen Sommer, und Sie bringen mit hohen Aufmerksamkeit heischenden Pflanzen Schwung in die formalen Beete. Nehmen Sie hierfür den zweijährigen Natternkopf *Echium wildpretii*, ein säulenförmiges Spektakel von 2 m Höhe, oder den eigenartigen, zinngrauen einjährigen Gartenrittersporn *Consolida ajacis* 'Earl Grey', der 120 cm hoch wird. Beide eignen sich zur einjährigen Containerpflanze. Zahlreiche Einjährige setzen diese Primadonnen mit faszinierenden Texturen ab, beispielsweise die einjährige Mähnengerste *Hordeum jubatum* (60 cm) oder die behaarten Fuchsschwänze des *Amaranthus* 'Hopi Red Dye'.

Dauerhafte Pflanzung Enthält ein minimalistischer Hofgarten nur ein einziges lebendes Gestaltungselement, so sollte dieses von ganzjährig architektonischer Gestalt sein; handelt es sich außerdem um einen Exoten, so werden zudem Bilder von fernen Ländern und fremder Witterung heraufbeschworen. Bedenken Sie das orientalische Ambiente der Bambusart *Phyllostachys aureosulcata* 'Spectabilis', deren leuchtend grünes Laub sich an gelbem Rohr 4 m hoch reckt. Am besten pflanzt man diesen Bambus in dauerhafter Einzelstellung; fühlt er sich ganz besonders wohl, kann er seine natürliche Höhe von 8 m erreichen. Ein Japanischer Ahorn, wie *Acer palmatum* 'Chitoseyama', evoziert orientalische Exotik; die Wintermonate schmückt er mit elegantem Geäst. Weitere Hauptdarsteller sind die immergrünen nadelspitzen Blattschwerter von Yucca, Keulenlilie und Neuseeländer Flachs. Diese Pflanzen verfügen über genügend Eleganz und Charakter, um in Einzelstellung die Rolle der Skulptur als ästhetischer Mittelpunkt des modernen formalen Gartens zu übernehmen. Die weicheren schwertblättrigen Stauden – *Montbretie, Iris* und *Astelie* – stechen weniger hervor und sollten daher in stärkerer Konzentration verwendet werden.

gegenüber links Exotische Yuccas in voller Blüte werden in ihrer Wirkung durch eine frostempfindliche Fächerpalme unterstützt, die hier den Sommer verbringt.

gegenüber rechts Die Schopflilie Eucomis bicolor, eine Zwiebelstaude, die im gemäßigten Klima als „exotische" Sommerblume gehandelt wird, steht in auffallendem Kontrast zu den hängenden Blüten der frostempfindlichen Engelstrompete (Brugmansia).

Vergängliche Pflanzung Andere großblättrige Exoten gewinnen durch Gruppenpflanzung. Vorausschauend nach dem letzten Frost im Spätfrühling in ein sauber aus kunstharzgebundenem Feinkies ausgeschnittenes Beet gesetzt, übernimmt eine große Gruppe dieser Kandidaten bis zum Sommer die tragende Rolle. Geeignet ist zum Beispiel der leicht frostverträgliche Afrikanische Wunderbaum *Ricinus communis* mit seinen handförmigen Blättern; halten Sie nach der Sorte 'Impala' mit dunklem, bronzerotem Laub Ausschau. Indisches Blumenrohr wirkt hervorragend in Gruppenstellung; erwägen Sie die buntblättrige *Canna malawiensis* 'Variegata' oder die standhafte *C. iridiflora* mit intensiv orangefarbenen Blüten.

Dahlien komplementieren eine solche üppige Bepflanzung: *Dahlia* 'Bishop of Llandaff' ist eine einfach blühende, leuchtend rote Sorte, die den Winter im Boden übersteht. Die meisten Dahlien jedoch müssen ebenso wie *Canna* und *Ricinus* im Herbst ausgegraben und überwintert werden. Kaktusdahlien wirken unglaublich exotisch – unter den Pflanzen gemäßigter Breitengrade findet sich keine vergleichbar extravagante Blütenform. Suchen Sie hier nach der passend benannten orangeroten *D.* 'Quel Diable'. Eine Gruppe von Dahlien stellt im Garten eine unglaubliche Präsenz dar und macht jegliche Skulptur überflüssig.

Geduld ist schon immer eine unverzichtbare Eigenschaft des Gärtners gewesen; der größte Vorteil der heutigen Zeit ist wohl die Möglichkeit, ausgewachsene Pflanzen zu erstehen. Diese sind zwar teuer, jedoch sehr wirkungsvoll. Schaugärten zum Beispiel lassen sich innerhalb einer einzigen Woche aufbauen; hierbei kommen riesige Pflanzen in großen Containern zum Einsatz, und wenn Sie einen minimalistischen Garten planen, kann die Investition in einige wenige ausgereifte Exemplare lohnen. Seien Sie sich jedoch sicher, dass der überaus große Wurzelballen Platz finden wird, und vergessen Sie nicht die wichtige Rolle, die gut vorbereiteter Boden bei der Pflanzung spielt und regelmäßige Wassergaben während des ersten Jahres. Selbst im Winter dürfen große Exemplare nicht austrocknen; überprüfen Sie außerdem gelegentlich, ob der Wind die Pflanze gelockert hat, was dazu führt, dass die feinen Würzelchen reißen, mit denen die große Pflanze in ihrem neuen Zuhause Fuß zu fassen sucht.

Gegen Ende des Sommers flammen im Garten die Farben der Dahlien. Hier drängen sie sich neben dem Kieselpfad zu einem stillen Tümpel, den ein Reifen aus lockerem Weidengeflecht umringt.

Exotische Wirkung

Glänzende galvanisierte Stahlfässer mit Tomatenpflanzen verleihen diesem modernen Küchengarten Pep. Die Spiralform der Stahlstreifen lässt festliche Stimmung aufkommen, und das seichte Wasser, in dem die Fässer stehen, sorgt für eine gleichmäßige Bodenfeuchte. Für eine ausgeprägtere ornamentale Wirkung sind Exoten, auffallend in Habitus und Farben, ideale Kandidaten. Die Keulenlilie *Cordyline australis* 'Albertii' ist eine dominierende Pflanze mit langem schwertförmigem Laub; im Container bleibt ihre Höhe auf 2 m beschränkt. Der mehrjährige Afrikanische Wunderbaum *Ricinus communis* wirkt mit seinen handförmigen Blättern ebenfalls exotisch. Da er Frost nicht übersteht, wird er häufig einjährig gezogen; in einem Sommer erlangt er einen Meter Höhe. Das Blumenrohr wird schon lange als Sommerblume gepflanzt: *Canna iridiflora* 'Ermanii' aus Peru mit langen, paddelförmigen Blättern erreicht 2 m Höhe und trägt im Hochsommer wächserne rote Blütenrispen.

Anordnung der Container

Im modernen formalen Kontext mit einem durchgeplanten, in Beton gegossenen Gartengerüst können Tröge direkt eingebaut werden, die groß genug für Sträucher sind. Große, frei stehende Container werden zu bleibenden Designelementen, wenn sie die Linienführung der Anlage betonen, einen Kreuzungspunkt markieren oder einen Richtungswechsel anzeigen. (Der Container als Skulptur wird in Teil 1, S. 55, besprochen.) Im Allgemeinen empfiehlt sich die Rapport-Bepflanzung mit einer einzigen Sorte, identisch in Größe und Alter – Tulpen oder Lilien, rund geschnittener Buchsbaum oder Zwergbambus. Manche Container sind „mobil"; zur „Sternstunde" der Bepflanzung werden sie sichtbar im Garten platziert, um später weiter abseits untergebracht zu werden, bis die Pflanze erneut zu Schönheit gelangt ist. Denken Sie früh genug daran, schwere Behälter mit stabilen Rollen auszustatten. Wie auch immer Sie Containerpflanzen einsetzen wollen – ein planloses Vorgehen, bei dem sie wahllos auf dem Grundstück verteilt werden, passt nicht zum Bild des formalen Gartens.

Gewisse Gefäßformen zeichnet eine Affinität mit bestimmten Pflanzen aus, was Ihre Entscheidung beeinflussen kann, doch es gibt auch praktische Erwägungen, die bei der Wahl des Containers für den modernen formalen Garten zu berücksichtigen sind. Meiden Sie bei bepflanzter Terrakotta, die ganzjährig im Freien bleiben soll, einen engen Hals, damit das Pflanzsubstrat sich bei Frost nach oben schieben kann; seien Sie sich außerdem darüber im Klaren, dass eine solche Verjüngung es unmöglich macht, stark bewurzelte ältere Exemplare aus dem Topf zu heben. Im Frühjahr zeigt eine einfache überhängende Klematis, etwa die kleine *Clematis alpina* 'White Columbine', in einem großen „Ali Baba"-Krug eine entzückende Wirkung. Eine Vasenform ergänzt besonders gut die Fächerform der schlanken Keulenlilie. Die Textur weicherer, grasartiger Gesellen, wie *Pennisetum* mit seinen Lampenputzern oder japanisches Hakonechloa, kontrastiert hervorragend mit glasiertem Steingut, während die Rote Segge *Carex buchananii* unglasierte Terrakotta passend ergänzt.

Geometrische Formen mit geraden Seiten haben eine ausnehmend formale Wirkung. Man findet sie aus Beton, Kunststein, echtem oder imitiertem Metallguss und Holz. Die aufrechte Wuchsform von Iris, Tulpen, Lilien und Waldtabak *Nicotiana sylvestris* ergänzt diese passend – ganz besonders dann, wenn der Behälter schmal ist und von größeren Pflanzen leicht aus dem Gleichgewicht gebracht wird. Ein länglicher, niedriger Trog ist ein guter Kandidat für einheitliche Bepflanzung – vor allem, wenn diese eine durchgehende Linie ohne zusätzliches Detail aufweist, das den schlichten Eindruck zerstören würde. Iris, Binsenlilie und straff aufrechte Gräser, etwa das Reitgras *Calamagrostis* x *acutiflora* 'Stricta', sind alle gleichermaßen geeignet.

Schon allein aus praktischen Erwägungen sollte eine stattliche Pflanze durch einen würdigen Behälter ergänzt werden, stabil genug, um Winden standzuhalten. Quadratische Holzkästen, schwere Steintröge und Edelstahlzylinder erfüllen diesen Zweck. Container für Pflanzen, deren Laub direkt auf dem Pflanzsubstrat aufsitzt, wie Neuseeländer Flachs, dürfen sich nach oben hin erweitern; eine topplastige Pflanze hingegen, etwa ein Lorbeer- oder Margeritenhochstamm, sollte mitsamt ihrem Pflanzgefäß sicher auf dem Boden fußen.

Starsolisten wie dramatische Fächerpalmen, spitze Yuccas, Säulenkoniferen und kleine Bäume verlangen nach haltbaren, gewichtigen Containern. Um zu wirken, sollten sie von schlichter Form sein, die nicht mit der Pflanze in Konkurrenz tritt.

RASCHE EFFEKTE: ANORDNUNG DER CONTAINER

gegenüber unten *Auf einem geschützten Balkon mit Redwood-Planken bieten fest aufgestellte Container ausgezeichnete Pflanzmöglichkeiten. In vier großen, weiß lackierten Holzfässern gedeihen winterharte Fächerpalmen, während die niedrigeren Gefäße mit Sommerblumen gefüllt sind.*

unten *Verzinktes Metall rostet nicht, und so ist dieser Trog ideal für solche Sumpfzonen-Pflanzen wie das Hechtkraut* Pontederia cordata. *Gegen Ende des Sommers gesellen sich blaue Blütenähren zum pfeilförmigen Laub.*

Register

Kursive Seitenangaben verweisen auf Abbildungen.

Acacia dealbata, 81
Acanthus spinosus, 70-1
Acer, 56, 62-3, 76
    A. japonicum, 81
    A. palmatum, 37, *153*, 154
    A. rubrum 'Scanlon', 77
    A. saccharum 'Temple's Upright', 77
Achillea, *83*
    A. 'Paprika', 85
Achsen, 111-112
Aconitum henryi 'Spark's Variety', 85
Aeonium arboreum 'Magnificum', 73
Agapanthus, 87
    A. inapertus, *86*
Agave americana 'Variegata', 73
Ageratum houstonianum, 149
Alcea rosea, 153
Allium, *83*, 85, 86-87, 117, 151
    A. giganteum, 87, 151
    A. schoenoprasum, 122
Aloe arborescens, 73
    A. aristata, 74
Aluminium, 27, 35, 41, 44
Anemone blanda, 150
    A. nemorosa 'Robinsoniana', 150
Aralia elata, 80
architektonische Pflanzen, 70-72, *71-72*, 132, 154
Arctotis fastuosa, 153
Armeria caespitosa, 20
    A. maritima, 122
Artemisia, 55, 85, *111*
    A. canescens, 27
Astelia nervosa, 82
Atriplex hortensis, 149
Ausblick, 112
Azaleen, 55, 68

Bahnschwellen, 35, *45*
Bambus, *26*, *90*, 106, 112, *119*, 120, *128*, *131*, 141, *152*, 154
Bänke, 41, *41*, 42, *42*, 114
Barragan, Luis, 50, 135
Bäume, 56, 58, *60*, 76-81, *76-81*, 98, 102, 139, 140, 149
Beebe-Yudell, *84*
Beleuchtung, 58-61, *58-61*
Bergenia 'Ballawley', 71
Beschorneria yuccoides, 73
Beton: Bodenbelag, *18*, 20, *20*, 21, *21*, 22-4, *25*, 129-130, 132
    Möbel, 40-41
    Mauern, 32, *33*, *34*, 131-132, *132*, *134*
Betula papyrifera, 113
    B. pendula 'Tristis', 76, *77*
    B. pendula 'Laciniata', *81*
    B. utilis var. jacquemontii, 81, 141
Birken, *18*, *19*, *35*, 76, *77*, 81, *81*, 113, 141
Blanckaert, Piet, 67
Blickfang, 70-72, *71-72*, 137-141

blühende Bäume, 78
Bodenbeläge, 16-30, *16-31*, 132
Bögen, 44, 117
Brachycome iberidifolia, 149
Bradley-Hole, Christopher, 66, *85*
Brahea armata, *73*
Brett, Julia, *37*
Brown, Mark, *8-9*
Brugmansia, 74, *154*
Buchsbaum, *55*, 64, *64*, 66, 66-69, 68, 87, 95, 99, 102, 108, *113*, *120*, *121*, 122, 126, 130, 132, *150*, *151*
Bulaitis, Bonita, 24, *114*
Buxus microphylla, 66
    B. sempervirens, 64, 66

Calamagrostis x acutiflora, 55, *82*, 86, 157
Calocedrus decurrens, 77
Caltha palustris 'Alba', 50
Campanula persicifolia, 85
Canna, 73, 74, 155
    C. iridiflora 'Ermanii', *156*
Cao, Andrew, *23*
Carex buchananii, 137, 157
    C. 'Frosted Curls', *24*
Carpinus betulus, 65
Carter, George, 66, 69, *104*, *111*, 126-127, *139*
Catalpa bignonioides, 80, 92
Cercidiphyllum japonicum, 147
Cereus, 73
Cestrum elegans, 32
    C. roseum 'Illnacullin', 32
Chaenomeles, 32
Chamaecyparis lawsoniana, 65
    C. obtusa 'Nana', *19*
Chamaerops humilis, 55, 73, 141
Chaumont-sur-Loire, *35*, *118*
Chee, Ian, *31*
Choisya 'Aztec Pearl', 112
    C. ternata, *139*
Chrysanthemum frutescens, 55
Clematis, 44
    C. alpina 'White Columbine', 157
    C. montana, 37, 108
    C. terniflora, *47*
Consolida ajacis 'Earl Grey', 154
Container, *54-6*, 55-56, 93, 123, *130*, 139, *152*, 156-157, *156*
Cordyline, 154
    C. australis, 73, *156*
    C. indivisa, 73
Cornus controversa 'Variegata', 37
    C. kousa var. chinensis, 92
Cortaderia, 147
Cosmos atrosanguineus, 85
    C. bipinnatus 'Sonata White', 153
Cotoneaster, 24
    C. salicifolius 'Pendulus', *97*
Crataegus laevigata 'Paul's Scarlet', 78
    C. pedicellata, 78
    C. persimilis 'Prunifolia', 78, 98
Crinum, 74
Crocosmia, 70, 111, 154
Cupressus sempervirens 'Stricta', 76
Cynara cardunculus, *54*, 71-72

Dach: Gras, 47
Dachgärten, *31*, 37, 92, *107*, *133*, 145-147, *147*
Dahlien, 85, 87, 155, *155*
Delaney, Topher, 36, *49*, 55, *57*, *133*, 135
Delphinium, 71, 85
Deschampsia caespitosa 'Goldtau', 55, 86
Dhont, Erik, *112*
Dianthus barbatus, 152-153
Dicksonia antarctica, 74
Digitalis, 71, 153
    D. ferruginea, 37
Draht: Spanndraht, 37
    Eisendrahtgeflecht, 116
Duft, 111

Echeveria elegans, 99
Echinocactus, 73
    E. grusonii, *74*, 97
Echium wildpretii, 154
Efeu, 99, 102, 108, 132, *136*
Eibe, 64-65, 66, *66*, 68, 75, 102, 130, 132, *150*
Einjährige, 87, 149, 152, 154
Elaeagnus, 65
Elodea canadensis, 50
empfindliche Stauden, 153
Engelstrompeten, 72, 74, *154*
Eremurus bungei, 37
    E. robustus, 71, 74
Eriobotrya japonica, 80, 141
Eryngium, 85
Eschscholzia californica, *84*, 153
Eucalyptus pauciflora subsp. niphophila, *101*
Eucomis, 74
    E. bicolor, *154*
Euphorbia characias subsp. wulfenii, 73
    E. milii var. splendens, *56*
    E. seguieriana, 73
Exoten, 70, 72-74, *72-73*, 154-155

Fagus sylvatica, 65, 77
Farbe, 22-24, 85, 109-111, 137
Fargesia murieliae, 65
    F. nitida, 141
Fatsia japonica, 70, 132
Fenchel, 83, 85
Ferrula communis, 93
Festuca glauca, 153
Ficus carica 'Brown Turkey', 32
    F. elastica, 60
fließender Garten, *124*, 125-6
Foeniculum vulgare, 86
Formgehölze, *64-5*, 66-68, *66*, 68, 122-123, *122*, *150*
Formgehölze, 64-8, *64-69*, 120-121
Fritillaria imperialis, 151
Fugen im Pflaster, 18-20, 132
'Fundstücke', 56, 139

Galium odoratum, 151
Gartenanlage, 100-103
Gartenlauben, 47, *47*, 116
Gebäude, 44, 47, 116, 142-145
geometrische Räume, 99-103
Geranium psilostemon, 85
Gießen, 132

Ginkgo biloba 'Fastigiata', 77
Glasbausteine, 20, *26*, *37*, 68, 135, *145*
Glasgranulat, 24, *27*
Glaswände, 37, 44, *131*, 143
Gleditsia triacanthos, 98
Granit, 16-17, 135
Gras, 28, *29*, 133-134
Grasdach, 47
Greene, Isabelle, *45*, *72*, 125, *127*, 146
Gummiböden, 27, 133

Hecken, 64-66, *64*, *66-67*, 68, 87, 94-97, *95*, 102, 112, 120-121, 130
Hedychium, 74
Helenium 'Coppelia', 85
Helianthemum nummularium 'Amy Baring', 151
Helianthus, 153
Hemerocallis 'Morocco Red', 85
Herman, Ron, *90*, *131*, 145
Heuchera, *82*, *83*, 85, 117, *126*
Hicks, David, *64*, 79, 110
Hofgärten, *19*, *57*, 92, *97*, *113*, 114, 130, *130*, *131*, *136*, *137*, 142, *143*, 146
Holz: Bodenbelag, 28-30, *28*, *30-31*, *43*, 46, 106, 108, 112, 114, 130, 131, 133
    Zäune, 34-35, *35*
    Möbel, 41-43, *41-43*
    Pergolen, 44, *45*
    Gartenlauben, 47
Hosta 'Big Daddy', 71
Houttuynia cordata 'Plena', 50
Humor, 127
Humulus lupulus 'Aureus', 44
Hunt, Barbara, *124*, 125, *128*
Huntington Botanical Gardens, *74*

Ilex crenata, 37, 68, 139
Imitate, 21
Impatiens, *153*, 149
Industriematerialien, 27
Ipomoea purpurea, *148*
Iris, *43*, *51*, 55, 70, *83*, 85, 154, 157
    I. germanica, 85, 137
    I. 'Langport Claret', 111
    I. pallida 'Argentea Variegata', *83*
    I. pseudoacorus, 50
    I. 'Sable Night', 111

Japanische Gärten, 103, *103*, 139, 144-146, 147
Jencks, Charles, 28, *94*, 122
Jiricna, Eva, *37*
Juniperus, 24, *27* J. chinensis, 68
    J. communis 'Hibernica', 70

Kakteen, 73, *74*, *97*, 137
Kalkstein, 16-17, *17*, 33, 106, 108, 130, *130*, 132, *136*
Kerzen, 60, *60*
Keswick, Maggie, 122
Kies, 22, 24, *24*, *26*, 28, 100, 102, *103*, 108, 131, 135, *142*, 144, 146, 147, *147*
Kiesel, 17, *17*, 33, *33*, *127*, *132*, 145
Kiley, Dan, *34*, 98
Kleinpflaster, 17, 21, *103*, 135
Kletterpflanzen, 44, 103, 108, 116

Knautia macedonica, 82
Kniphofia, 26, 71, 111, *135*
Koeleria cristata, *133*
Koniferen, 65
Konzepte, 125-127
Kopfsteine, 17, 135, *142, 143*
Korbmöbel, 43
Kräuter, *120*
Krokusse, 150
Kunstharzböden, *23*, 24-27, *24*, 132
Kunststoffe, *40*, 43, 47
Kupfer, 37, *37*
Kurven, *101*

Laburnum x vossii, 76
Labyrinthe, *29*, 99, *113*, 122, 127
Larsen, Jack Lenor, *117*
Laternen, 60-61
Laub, 70-71, 72-74, 82-83, 85, 141, 149
Lauben, 43, 109, 116
Lavandula, 66
　　　　L. angustifolia, 66, *68*
　　　　L. stoechas, 66
Le Corbusier, 92
Le Jardin de L'Imaginaire, Terrasson, *53*
Lennox, Arabella, *83*
Licht, 135-137
Ligustrum, 66
　　　　L. jonandrum, 132
　　　　L. lucidum, 68
Lilium, 86, 87, 137, 151, 157
　　　　L. candicum, 85
　　　　L. x testaceum, *150*
Linien, 90, 93-99, 111-112, 145
Liquidambar styraciflua, *80*
Liriope muscari, *19*, 122, 145
Lonicera, 68
　　　　L. nitida, *18*, 66, 132
　　　　L. pileata, *24*, 66
Lunaria annua 'Alba Variegata', 152
Lutyens, Sir Edwin, 91

Macleaya microcarpa 'Kelway's Coral Plume', 72
Magnolia, 111
　　　　M. grandiflora, 132
Mahonia lomariifolia, 56
Malus, *59*
　　　　M. 'Adams', *76*, *93*, *96*
　　　　M. 'Van Eseltine', 77
Maria, Veronique, *125*
Markisen, 44, 119, 147,
Marmor, 16-17, *23*, *108*, 130, 132, 137
Martino, Steve, *134*
Maßstab, 91-3, 105-106, 127
Materialien, 15-37, 132-135
Mauern, 32-3, *33-34*, 94, 131-132, *132*, *134*, 135
mehrstämmige Bäume, 81, 141
Melianthus major, 70
Metall, 27
　　　　Zäune, 34, 35-37, *36-7*, 130
　　　　Möbel, 41
　　　　Pergolen, 44
Miller, Georgina, *111*
Minimalismus, 129-147
Miscanthus floridulus, 102, 139

Möblierung, 40-43, *40-43*, 106, 108, 114-116
Moluccella laevis, 87
Morus alba 'Pendula', 76
Mosaik, 53
Musa basjoo, 74, 127
Myrtus communis, 64
　　　　M. tarentina, 66

Narcissus 'Glacier', 150
Nebel, künstlicher, *118*, 119
Nectaroscordum siculum, *85*
Nerium, 55
Neu-Delhi, Garten des Vizekönigs, 91
Nicotiana, 149
　　　　N. sylvestris, 157
Nymphaea, 49, 144

Obstgärten, *8-9*, 97
Olivenbäume, *78, 84*, 139
Öllampen, 61
Onopordum acanthium, 27, 72, *75*
Ophiopogon japonicus 'Minor', *34*, 90
　　　　O. planiscapus 'Nigrescens', 27, 137, *141*
Opuntia, 73
Oquma, Faith, *10-11*
organische Räume, 103
Osmanthus burkwoodii, 102
　　　　O. delavayi, 112

Paeonia delavayi var. ludlowi, 141
Page, Russell, 111
Palisade, 64, 65, *110*, 112
Palmen, 73, *139*, 154, *154*, *156*, 157
Papaver nudicaule, 152
　　　　P. somniferum, 153
Parterres, 64, 66, 67, 99, 120, 121-122, *151*
Parthenocissus henryana, 120
'patte d'oie', *123*
Pearson, Dan, *107*
Pennisetum orientale, 86
Pergolen, 44, *45*, 92, *92*, 94, 97, *115*, 116-117, *116*, 118-119, *132*
Pflasterung, 16-30, *16-31*, 114, 132
Pflege, 106-108, 130-132
Phormium, 70, 154, 157
　　　　P. cookianum 'Cream Delight', 70
　　　　P. tenax, 70, 137
Phyllostachys aureosulcata 'Spectabilis', 154
　　　　P. nigra, 73, *152*
　　　　P. viridiglaucescens, 73
Pinus mugo, *31*, 55
　　　　P. parviflora, 68
Plumeria, 56
Polystichum setiferum, 97
Pontederia cordata, 157
Populus nigra 'Italica', 76
Potamogeton crispus, 50
Pratia pedunculata, 102
Prunus 'Amanogawa', 77
　　　　P. glandulosa, 55
　　　　P. laurocerasus, 65, *136*
　　　　P. pissardii 'Nigra', *78*
　　　　P. serrulata 'Longipes', 76
　　　　P. 'Shogetsu', 97

Putz, 32
Pyrus salicifolia 'Pendula', 77

Quercus ilex, 77
　　　　Q. robur 'Fastigiata', 77

Rankgerüste, 35, *37*, 45, *47*, *115*, 118
Rasen, 99, *99*, 102
Raster, 97-99
Ravenala madagascariensis, 60
Ricinus, 74
　　　　R. communis, 155, *156*
Rindenmulch, 28
Robinia pseudoacacia, 77, 80-81, 98-99
Rodgersia, 70, 71

Salix purpurea 'Gracilis', *153*
Salvia farinacea 'Victoria', 153
　　　　S. sclarea, 152, 153
　　　　S. x sylvestris 'Mainacht', 85
Sandstein, 16-17, 33, *33*, 130, 132, 135
Santolina, 55
　　　　S. chamaecyparissus, 64, 99, 102
　　　　S. rosmarinifolia, 99, 102
Sarcococca humilis, 111
Schatten, Grünpflanzen, 70-71
Schiefer, 17, *19*, 20, 130, 135, 137
Schwartz, Martha, *59*, 97, *137*
Seerosen, 49, 52, 144
Sempervivum tectorum, 99
Senecio cineraria, 149
Shanley, Victor, *150*
Sichtschutz, 108
Sisyrinchium, 157
　　　　S. striatum, 55, 82-3, 111
Sitta, Vladimir, 48, 119
Sitzgelegenheiten, 40-43, *40-43*, 114-16, *114*, 139
Skulptur, 55, 56, *56-7*, *82*, 111, *116*, *117*, 119-120, *121*, 139
Soleirolia soleirolii, 90, 147
Sonnensegel, 44, *46*, *58*, 119, 147, *147*
Sorbus aucuparia 'Sheerwater Seedling', 77
　　　　S. cashmiriana, 78
　　　　S. hupehensis, 78
　　　　S. vilmorinii, 76, 78, 127
Spaliere, 32, 92
Spiegel, 92-93
Stachys byzantina, 86
　　　　S. lanata, *111*
Stahl, 35, *36*, 37, *37*, 41, 44, *116*, 132-133, *141*, *156*
Stauden, 82-86, 149, 153
Stechpalme, 66, 78
Stein, Seth, *137*, *143*
Stein: Bodenbelag, 16-17, *17*, 18, 20, 106, 108, 130
　　　　Mauern, 32-3
　　　　Bauten, 44-47, *45-47*
Stevens, David, *21*
Stipa tenuifolia, *43*
　　　　S. tenuissima, *82*, 86
Sträucher, 32, 92, 149

Tagetes, 152
Taxus baccata, 64-65

　　　　T. x media 'Brownii', 65
Terrakotta-Pflaster, 21
Terrassen, 92, 114, *124*, 130
Textur, 86, 135
Thalictrum lucidum, 83
Thuja plicata 'Atrovirens', 65
Thymus, 99
　　　　T. serpyllum, 102, 147
Tilia, 65
Trachelospermum jasminoides, 26
Trachycarpus fortunei, 71, 73, 139
Trachystemon orientale, 71
transparente Umfriedungen, 37
Trichocereus pasacana, 74
Trockengärten, *10-11*, 15
Tropaeolum, 150
Tulpen, 111, *150*, 151, *151*, 157

Umfriedungen, 32-37, *33-37*, 130, 135

Verbascum, 83
　　　　V. olympicum, *72*
Verbena bonariensis, 100
Veronicastrum virginicum, 85, 111
Villa d'Este, 50, 119, 127
Villa Noailles, Hyères, *20*
Vinca minor, 151
Vitis coignetiae, 44, 103

Waldstaudengarten, 125
Waldsteinia ternata, 114
Wasser, 48-53, *48-53*, 59, 119, *124*, 140-141, 141-142
Wasserbassins, *24-25*, 27, 48-50, *48-49*, 52-53, 58, *98*, 108, 127, *131*, *134*, 140-141, 141-142, *155*
Wege, 90, 94-97, *103*, 110, *123*, 142
West, Cleve, *103*
Wirtz, Jacques, 121, *123*
Wisteria, *34*, 44, 112, 117, 127
　　　　W. sinensis, 37
Wolkenformschnitt, *68*, 68, 123
Woodhams, Stephen, *42*, *73*, 78

Yucca, *74*, 154, *154*, 157
　　　　Y. filamentosa, 72
　　　　Y. gloriosa, 72
　　　　Y. whipplei, 72

Zantedeschia aethiopica, 49
Zäune, 34-37, *35-37*
Zauschneria californica 'Glasnevin', 73
Ziegelstein, 17-18, *18*, 20, 32, 133
Ziergräser, *82*, 86, *86*, 97, 102, *126*, 139, 157
Zoysia tenuifolia, 20
Zweijährige, 152-153
Zwiebelblüher, 86-87, 108, 149, 150-151

Danksagung

Der Verlag dankt den Fotografen und Organisationen für ihre freundliche Erlaubnis, die folgenden Fotografien in diesem Buch abzudrucken:

1 Andrew Wood; 2-3 Nicola Browne/Design Steve Martino; 4 Karen Bussolini/Design James David; 7 links außen John Glover/Design Alex Champion; 7 rechts außen Nicola Browne/Design Steve Martino; 7 links Marianne Majerus/Design George Carter; 7 rechts Melanie Eclare/ Design Tindale/ Batstone Landscape Architects; 8-9 Deidi von Schaewen/ Design Marc Brown; 10-11 Nicola Browne/ Design Faith Okuma; 12-13 Nicola Browne/Design Steve Martino; 14-15 Nicola Browne/Design Steve Martino; 16 links Marianne Majerus/Design Marc Schoellen; 16 rechts Photo Clarisse/Design Philippe Niez; 17 Woods Bagot/Design Nik Karalis; 18 oben David Buurma; 18 unten Jill Billington/Design Christina Dalnoky; 19 Michael Moran/Design Billie Tsien Associates; 20 Deidi von Schaewen; 21 links Clive Nichols/Design David Stevens; 21 rechts David Buurma; 23 links Jill Billington; 23 rechts Nicola Browne/Design Andrew Cao; 24 links Nicola Browne/Design Bonita Bulaitis; 24 rechts John Glover/ Design Anglo Aquarium; 25 Lanny Provo; 26 Jill Billington/Design Fogg, Bulaitis & Santer; 27 links Andrew Wood/Chaumont Festival; 27 rechts Jerry Harpur/Design Juan Grimm; 28 Jill Billington/Design Charles Jencks; 29 Andrew Lawson/Design Kathy Swift; 30 links Marianne Majerus/Design Vivien Fowler & Tom Jestico; 30 rechts Andrew Wood/Design Stephen Woodhams; 31 The Interior Archive/ Henry Wilson/Design Ian Chee; 33 links The Interior Archive/Herbert Ypma/Design Yturba; 33 rechts Mark Bolton; 34 Dan Kiley; 35 Mitte Nicola Browne/Design Jinny Blom; 35 links Photo Clarisse/ Chaumont Festival; 35 rechts Andrew Wood/Chaumont Festival; 36 Jerry Harpur/Design Topher Delaney San Francisco; 37 oben Marianne Majerus/Design Julia Brett; 37 unten Colin Philp/Design Jill Billington; 38-39 Melanie Eclare/Design Niall Manning & Alastair Morton; 40 Geoff Lung/Design Richard Unsworth; 41 Andrew Wood; 42 links Marianne Majerus/Design Stephen Woodhams; 42 Mitte & rechts Andrew Wood; 43 Melanie Eclare/Design Tindale/Batstone Landscape Architects; 45 links Photo Clarisse/Design Sylvie Devinat; 45 rechts Jerry Harpur/Design Isabelle Greene; 46 Reiner Blunck/Design Gabriele Poole; 47 links Katherine Spitz; 47 rechts Jerry Harpur/Design Juan Grimm; 48 Vladimir Sitta/Terragram Pty Ltd; 49 links Andrew Wood; 49 rechts Jerry Harpur/Design Topher Delaney San Francisco; 50 links Andrew Wood/Chaumont Festival; 50 rechts Andrew Wood/Design Stephen Woodhams; 51 Jerry Harpur/Design Dyruff; 52 Lanny Provo; 53 oben The Interior Archive/ Herbert Ypma; 53 unten Garden Picture Library/Mayer/Le Scanff; 54 Clive Nichols/Design Paul Thompson & Trevyn McDowell; 55 links Robert O'Dea; 55 rechts Jerry Harpur/Design Topher Delaney San Francisco; 56 Mitte The Interior Archive/Helen Fickling; 56 links Melanie Eclare/Design Niall Manning & Alastair Morton; 56 rechts Jerry Harpur/Design Topher Delaney San Francisco; 57 Marianne Majerus/ Design Jill Billington; 58 Andrea Jones; 59 Nicola Browne/ Design Martha Schwartz; 60 links Clive Nichols/Design Hiroshi Namamori; 60 rechts Jerry Harpur/Design Robert Liang; 61 Nicola Browne /Design Martha Schwartz; 62-63 Karen Bussolini/Design James David; 64 oben Deidi von Schaewen; 64 unten Andrew Lawson/Design David Hicks; 65 Photo Clarisse/ Design Yves Gosse de Gorre; 66 links Clive Nichols/Design Christopher Bradley-Hole; 66 rechts Marianne Majerus/Design Tessa Hobbs/ obelisk Design George Carter; 67 Christine Ternynck/Design Piet Blanckaert; 68 oben Mark Bolton; 68 unten Jerry Harpur/Design Luciano Giubbilei; 69 Marianne Majerus/Design George Carter; 71 oben Jill Billington; 71 unten Stephen Jerrom/Design Andrew Cao; 72 Jerry Harpur/Design Isabelle Greene; 73 links Andrew Wood/ Design Stephen Woodhams; 73 rechts Mick Hales/Greenworld Pictures; 74 oben S & O Mathews; 74 unten Clive Nichols/Huntingtron Botanic Gardens; 75 Photo Clarisse/Chaumont Festival; 76 oben Karen Bussolini/Design Richard Bergmann; 76 unten Jerry Harpur/ Design Isabelle Greene; 77 Jerry Harpur/ Design Isabelle Greene; 78 oben Marianne Majerus/ Design Michelle Osbourne; 78 unten Andrew Wood/Design Stephen Woodhams; 79 Clive Nichols/Design David Hicks; 80 Photo Clarisse; 81 View/Dennis Gilbert/Design Munkenbeck & Marshall; 82 links Stephen Jerrom/Design Andrew Cao; 82 rechts Jerry Harpur/Design Edwina von Gal; 83 Marianne Majerus/Design Arabella Lennox-Boyd; 84 Mick Hales/Greenworld Pictures/Design Beebe Yodell; 85 John Glover/Design Christopher Bradley-Hole; 86 links Nicola Browne/Arends Nursery; 86 rechts Arcaid/Richard Bryant; 87 John Glover; 88-89 Marianne Majerus/ Design Jacques Wirtz; 90 Mark Schwartz/Design Ron Herman; 92 Andrew Lawson/Design Anthea Gibson; 93 Karen Bussolini/Design Richard Bergmann; 94 oben Christine Ternynck; 94 unten Jill Billington/Design Charles Jencks; 96 Karen Bussolini/Design Richard Bergmann; 97 oben Tim Harvey/Design Martha Schwartz; 97 unten Deidi von Schaewen/Design Marc Brown; 98 Melanie Eclare/Design Niall Manning & Alastair Morton; 99 oben Ian Pleeth/Design Jill Billingon; 99 unten Deidi von Schaewen; 100 links außen, oben & unten Andrew Wood; 100 Mitte Photo Clarisse; 102 Jean-Pierre Gabriel/Design Daniël Ost; 103 oben Jerry Harpur/Design Terry Welch; 103 unten Jill Billington/Design Cleve West; 104 Marianne Majerus/Design George Carter; 106 Andrew Lawson/Design James Aldridge; 107 Jill Billington/Design Dan Pearson; 108 Marijke Heuff; 109 Jerry Harpur/Design Daniel Gaboulaud; 110 Melanie Eclare/Design Niall Manning & Alastair Morton; 111 Clive Nichols/Design George Carter; 112 oben Jean-Pierre Gabriel/ Design Erik Dhont; 112 unten John Glover/Design Alex Champion; 114 Jill Billington/Design Bonita Bulaitis; 115 Marijke Heuff; 116 oben Marianne Majerus/Design Julia Brett; 116 unten David Buurma; 117 Deidi von Schaewen/ Design Jack Lenor Larson; 118 Photo Clarisse/Chaumont Festival; 119 Andrew Lawson/Design Tom Sitta; 120 Marianne Majerus; 121 Jean-Pierre Gabriel/Design Daniël Ost; 122 Marianne Majerus; 123 Marianne Majerus/Design Marc Schoellen; 125 oben John Glover/Design Jill Billington/Design Barbara Hunt; 125 unten Marianne Majerus/ Design Jill Billington & Barbara Hunt; 126 Marianne Majerus/Design Jill Billington & Barbara Hunt; 127 oben Andrew Wood/Design Stephen Woodhams; 127 unten Jerry Harpur/Design Isabelle Greene; 128 Photo Clarisse; 130 oben Christian Sarramon; 130 unten Santi Caleca; 131 Mark Schwartz/ Design Ron Herman; 132 links Belle/Trevor Mein; 132 rechts Andrew Wood; 133 Jerry Harpur/Design Topher Delaney San Francisco; 134 Nicola Browne/Design Steve Martino; 135 Jerry Harpur/Design Topher Delaney; 136 Garden Picture Library/ Steve Wooster/Design Michelle Osbourne; 137 oben Arcaid/Richard Bryant/Design Seth Stein; 137 unten Tim Harvey/Design Martha Schwartz; 139 oben Andrew Wood/Chaumont Festival; 139 unten Marianne Majerus/ Design George Carter; 140 Jean-Pierre Gabriel/Design Erik Dhont; 141 Andrea Jones/Design Paul Thompson & Trevyn McDowell; 142 John Glover /Design Tim Brown; 143 Arcaid/ Richard Bryant/Design Seth Stein; 145 links Mark Schwartz/ Design Ron Herman; 145 rechts Jerry Harpur/Design Luciano Giubbilei; 146 Jerry Harpur/Design Isabelle Greene; 147 oben Clive Nichols/ Design Paul Thompson & Trevyn McDowell; 147 unten Andrew Wood/Chaumont Festival; 148 Andrew Wood/Chaumont Festival; 150 Clive Nichols/Design Victor Shanley; 151 Marijke Heuff; 152 Derek St Romaine/Design Wynniatt-Husey Clarke; 153 Andrew Wood/Design Stephen Woodhams; 154 links Photo Clarisse; 154 rechts Marianne Majerus/Design Diana Yakeley; 155 Andrew Wood/Chaumont Festival; 156 oben Mark Bolton/Chaumont Festival; 156 unten Andrew Lawson/Design Anthony Noel; 157 Andrew Wood/Chaumont Festival.

Danksagung der Autorin

Ich bin voller Bewunderung für die Kreativität meiner Gartendesign-Kollegen und fühle mich sehr durch die Originalität und die Sensibilität inspiriert, die in den hier gezeigten Gärten und den einfühlsamen Fotografien zum Ausdruck kommen.

Äußerst dankbar bin ich für die gute Zusammenarbeit, die für Quadrille so typisch ist; allen voran Jane O'Shea für ihren unablässigen Weitblick und die ständige Ermunterung. Mein besonderer Dank gebührt Carole McGlynn für ihr Lektorat voller Einfühlungsvermögen und ihre ausdauernde gedankliche Logik. Seinen Stil verdankt das Buch der wunderbaren Idiomatik von Françoise Dietrich und der Zeichnerin Alison Barratt, die meine Pläne so gewandt auslegte. Weiterer Dank gebührt Nadine Bazar für das Aufspüren der phantastischen Fotos und Jim Smith für seine unablässig guter Laune bei der mühsamen Herstellung des Werkes.

Und schließlich danke ich meinem Ehemann Bill, der zu Hause „den Laden am Laufen hielt", und meiner Mutter, Lilian Annis, für ihr Verständnis.

Sämtliche Zeichnungen von Alison Barratt